# 八十回顧

## —— 楊國生自述

楊 國 生 著

傳 記 叢 刊
文史哲出版社印行

國家圖書館出版品預行編目資料

八十回顧：楊國生自述 / 楊國生著. -- 初版. --臺北市：文史哲，民 102.06
頁： 公分.（傳記叢刊；14）
ISBN 978-986-314-122-8（平裝）

1.楊國生 2.台灣傳記

783.3886 102011498

傳記叢刊 14

# 八十回顧

## ── 楊國生自述

著 者：楊 國 生
出版者：文 史 哲 出 版 社
http://www.lapen.com.tw
登記證字號：行政院新聞局版臺業字五三三七號
發行人：彭 正 雄
發行所：文 史 哲 出 版 社
印刷者：文 史 哲 出 版 社
臺北市羅斯福路一段七十二巷四號
郵政劃撥帳號：一六一八〇一七五
電話886-2-23511028 · 傳真886-2-23965656

實價新臺幣四〇〇元

中華民國一〇二年（2013）六月初版



ISBN 978-986-314-122-8 78814

# 八十回顧

## ——楊國生自述

## 目次

## 參、艱難歲月——我的求學歷程……九九

**陸、總結與反思**

**附　錄**

# 自序

時光匆匆，不覺已歷經八十寒暑，回顧既往，我曾走過那殘酷的戰爭離亂歲月，遭逢過天災、時疫和荒旱飢饉的日子，飽嚐了人世間的冷暖，也目睹了世事巨變的滄桑，這些經歷過的事實，都點滴在心。但這本回顧中，所要陳述的是我在那個年代所生活的方式，在那種環境下我所接受的處世哲學，在艱難困苦中的應對經驗以及與師長、親友和同事間的情誼，還有我的一些卑微的感想。

書中所述，大致依據記憶，佐以個人日記（間斷性的）、筆記、公私文件、保存的相片及參考有關文獻等。就上述資料，經整理區分為六個章節：第壹章「閭巷舊事」，係從我的家鄉說起，我出生於蘇北的偏鄉小鎮，那裏的風土人情千百年來從無重大改變，但近數十年可謂起了「翻天覆地」的變化。由於故鄉的原住人口大量外移，寺廟古蹟又因戰火摧毀幾已迨盡，小鎮的原貌已不復可尋，現在故鄉在交通、文教及生活設施的建設方面雖已日益改善，但舊日情景仍常繫我心，因此就記憶所及，把它整理呈現出來，讓故鄉年輕一代知道臨澤小鎮的過去，也讓關心人士知道它的史實。第貳章「話我家庭」，由於我家家譜毀於「文革」，深以為憾，因此我儘量就所知道的家世及近支世系和戚族關係加以陳述，另一方面也把過世的父母和先長兄在生前所遭遇的不幸和委屈以及他們堅強的為生活奮鬥的情形寫出來，讓後代子孫們瞭解。海峽兩岸親人的分離，是近代人類史上的一個悲劇，我們家人的分合和各自努力的故事，可作為這個世代的見證之一。第參章敘述我的求學歷程，在我求學時期，正值抗日戰爭和國共內戰的年代，我個人又遭逢家庭變故的傷痛，致求學之路走得十分曲折和艱辛，爾後在軍中公餘讀書也十分艱苦，因此本章冠以「艱難歲月」，應屬實情。第肆章「軍旅征程」，係就我從軍經過和在軍中的整訓征戰經歷如實陳述。考慮到某些情況，因此在高司工作中的一些情節則從略。第伍章「公僕生涯」，係就軍中退伍後，憑藉國家公務人員考試資格進入行政機關的一段歷程。我從基層公務人員歷練，因績效洊升到簡任職等主管，自覺廉潔自持，尚能克盡厥職。第陸章「總結與反思」，旨在抒述我對這本回顧的一些感想。

寫回憶或自述，貴在真實，書中對於人物的臧否，本對事不對人原則，在負面陳述方面不指名道姓。文內也有若干自我貼金之處，因均屬實情，故亦不刻意迴避不談。由於年事增長，某些時地記事或有訛誤之處，尚請尊敬的讀者諒詧。

這本回顧寫就之際，蒙復興崗同期學長前政戰學院藝術學系李沛教授、淡江大學同班好友前駐法經濟參事李顯學長及同鄉好友薛兆庚將軍惠予校訂，謹致謝忱。內子湯麗惠女士鼓勵並催生這本回顧的誕生，女兒曾媛把這本回顧初稿鍵入電腦並協助出版，備極辛勞，併予致謝與慰勉。

**楊國生** 二〇一三年五月於台北

馬英九先生任行政院研考會主委時致贈“管考績優”獎牌

於人事行政局企劃處辦公室

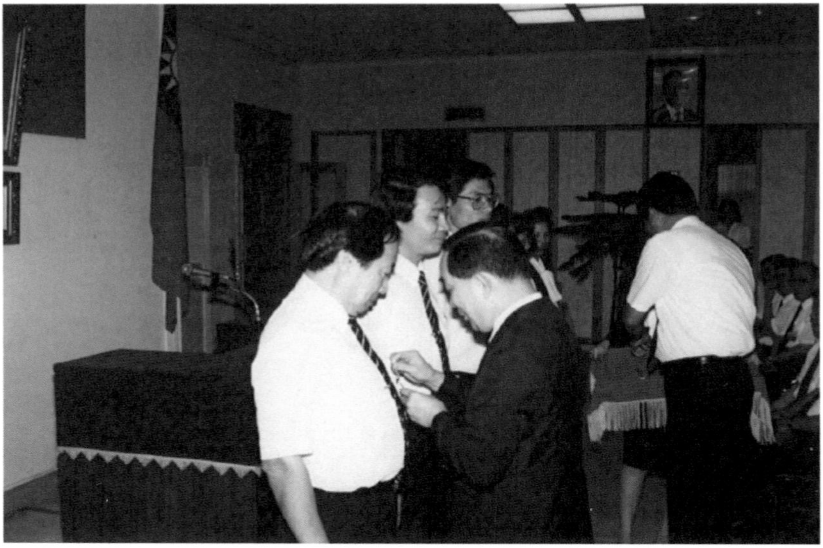

人事行政局卜局長達海親授服務獎章

中央蔣秘書長彥士致贈獎牌

人事局春節聯誼會獲卜局長（右）致贈獎品，中為歐主秘

陳局長庚金於歡送作者退休宴會上致贈禮品

與許副局長毓圃（中左）黃參事海（中右）顏處長秋來（右）合影

與陳副局長炳生合影

率英國考察團一行拜會簡代表又新（左三）

自強活動與陳副局長松柏（中）章主任視察為海（右）合影

訪問牛津大學

英國考察團全體同仁於倫敦

訪問英國內閣辦公室公共服務處

訪問牛津市政府

於穿越英倫海峽“歐洲之星”
號列車前

執牛津市政府權杖

奧賽美術館羅丹雕塑前

巴黎凱旋門

公務人員日韓旅遊 —— 參觀韓戰紀念品516廣場

荷蘭風車小鎮

日韓旅遊 —— 大阪尊天閣

日韓旅遊 —— 韓國民俗文化村與青輔會彭賢權處長（右）合影

人事行政局局慶社團成果展

日韓旅遊 —— 望見富士山

訪問中正機場海關

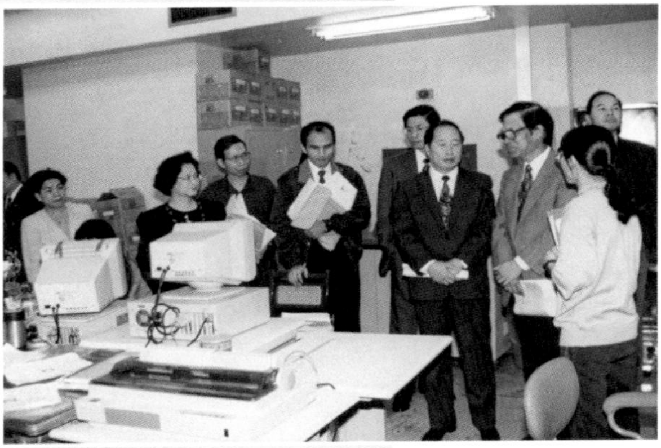

實地查訪海關通關作業

行政管理研究班同學於翡翠水庫

總政治作戰部慶生會執行官王昇上將致贈生日禮品

與張貫忠學長於三軍軍官俱樂部

與總政戰部同仁趙子祥兄合影

於飛彈營營區中為作者

參謀旅行與金馬號小姐於梨山賓館前

34D 政治部同仁合影，前排倪科長慶裕（左一）邱天鵬學長（左三）作者（右二）

中央視察組一行參觀飛彈發射區，左一為作者

於金門太武山海印寺，前排左起作者、丁傑、邱天鵬、王恕民學長，後排右起李明儀學長、張子漢（馬尼剌亞運得牌選手）

與飛彈營營指任金鵬學長（中）作者（左）合影

1949 年入伍時與序廷兄（前左），時業勤兄（前右），二哥鳳來（後左）合影

民國四十八年與 34D 克難英雄（左）作者（右）於苗栗街頭

民國三十八年入伍生總隊三團十連同學於台南赤崁樓

於政工幹校補分班慶祝美術節交誼會致詞

幹校藝術系同學慶祝劉海粟大師（中）九十大慶餐會，師子師（中左）、作者（前右）

藝術系同學餐敘合影，前排右三為"掌門人"陳慶熇學長

藝術系同學餐敘右起金哲夫、鄧雪峰、劉紹堃、李闌學長，左為作者。

淡大法文系同學為管傳埰教授榮任駐盧安達共和國大使餞行酒會合影，中座者管師暨師母，右為系主任齊衛蓮老師。右站立者為作者。

淡江大學畢業典禮與校長張建邦博士（前中），中為作者、鄭中堯（前右）、後排左黃雍廉。

淡大法文系同學班遊鷺鷥潭，前右作者，左起賴風梅、管師、楊慧敏、簡純育、鄭中堯

淡大同學遊故宮博物院，前排中吳棣芬教授、Mandam 齊夫人、中排左二為作者

在管師府為老師慶生

歡送吳斌教授茶會後合影

政大東亞所同學及眷屬於福隆海濱，二排中戴草帽者為作者。

慶祝王宇清鄉長九十大慶餐會，中座者為宇公，前右二哥鳳來，後排左起薛兆庚、韋子銘、蔣善達、仇國光、李正諸鄉長，右為作者。

妻女與我

右圖：與妻同遊溪頭
上圖：於墾丁公園

二哥嫂、頤、芸姪、灝侄媳暨傑、葳孫等春節來寒舍敘談

花與女

媛女（中）與兄嫂姊及侄等合影

一九八八年家人於香港重逢

與岳母家人同遊，前排右二為岳母

為岳母慶生左起麗淑、岳母、麗紅、媛女、陳唯仁、作者（右）

二哥與我暨家人在台為姊八十大慶暖壽

與姊、二哥、安、云妹於臨澤故居門前

與姊、妹家人恭立於祖父母、父母親及大哥紀念墓碑前

姊、楊曄夫婦四代全家福（高郵）

安妹、正明妹丈全家福（泰州）

與云妹、周群妹丈於其寓所（廈門）

曄甥自高郵市一中校長退休後來台，同鄉歡宴前合影，右起薛善言、韋壽春鄉長、楊曄、二哥、作者

建樹甥來台參加金融研究院研習與媛女合影

建宇甥、丁蕾甥媳、亞淇外孫女在余蘇州寓所

與雪飛甥在廈門至鼓浪嶼渡輪上

與外曾孫陳煜合影

登長城

偕妻徜徉於太湖之濱

與女兒曾媛近影

# 壹、閭巷舊事

我出生於江蘇省高郵縣東北鄉之臨澤鎮，古稱菱川的地方。為縣屬第五行政區，北接寶應縣境，南連興化縣，東與鹽城縣接壤。市集形成甚早，南北朝時曾一度設為縣治，屬廣陵郡，至隋文帝時始廢。臨澤市郊沃野平疇，河渠縱橫，市井繁華，商業興盛，為縣境之首鎮。京杭大運河在鎮西之界首流過，一座子嬰閘將運河水引進子嬰河，成為吾鄉之主要水道，因河在鎮之北，故通稱「後河」。子嬰河在鎮西有支流胭脂溝，又稱「西河」，流向南鄉，西河在鎮南有支流稱「前河」流經吳家壩口與子嬰河會流，故臨澤四周環水，有萬安、太平、磨子、卻字等十座橋梁連接鎮內外。自我出生迄十七歲離鄉，中間雖曾在外求學，但假期仍多返鄉，這十多年正是三十年代，各業蓬勃發展，民俗底蘊深厚。但戰亂也使故鄉飽受摧殘。現在故鄉在現代化過程中，交通、教育文化以及生活條件的建設都在進步，但舊日情景常縈繞我的心頭，爰就記憶所及，敘述一些舊事。

## 一、三街六巷憶繁華

邑人茗莊居士在其「菱川百詠」中，記臨澤古諺有「三街六巷九坡台」句。三街，是指後街、中街、西街三街和追壩、花圃、王巷、楊家巷、高家巷及盛家巷六巷。其實我所知道的除以上三街外，尚有安樂寺街、進化街，六巷以外還有常住庵巷、交通巷、青蓮巷等。至九波台所指，近閱吾鄉文史作家葉勁先生所著「臨澤紀事」中所記為：泰山廟、關帝廟、三元宮、安樂寺、都天廟、天主堂門前均有坡形台階及後河大橋南北引道台階，甚有見地。惟就記憶所及，都天廟門前與街道齊平並無台階，而中街天元堂門前似有四級台階，另在安樂寺街西之高和甫米店前有台階三級，韋大場當典門前亦有台階，如此恰符「九坡台」之諺。

後街因南北各有一座闕門，路面鋪設石板，故又稱「闕門大街」或「石板大街」，和中街並為商業中心，因而殷商、大字號都集中於此。那時的綢布業如李裕記、聚泰祥、孟憲記和鎮元綢布莊等，南北貨業如洪記源、董益大、濮景記、張九記、洪源等南北貨號，食品業如天仙閣，百貨業如何海記、李維璋，醬園如仇恆順、花世泰，中西藥如天元堂、天德堂、恆吉昌等，五洋商店（指洋煙、洋油、洋碱、洋燭、洋火）如楊美華、萬公利等字號。它們都是鋪面寬大、資本雄厚、倉儲充足的店鋪。

以我二堂伯雲甫公所經營的美華五洋商店而言，他們代理的美孚煤油一次進貨量都達數百箱以上，代理的南洋兄弟煙草公司的香煙大木箱也在百箱以上，我家對門的房屋那時充作棧房，貨物堆滿到屋樑，可見其存貨量之豐。它們的銷售客户也很廣，北至射陽、益林，東至沙溝、中堡等地，所做貿易活動已不限在臨鎮一地了。另外，鎮上還有幾家機器米廠，如薛泰豐、久大、華興、孫增貴等廠家，大都設在後河沿岸，以方便船運，故當時的後河，機器馬達聲和舟船來往不絕，形成一片生氣蓬勃的景象，薛泰豐後來又增設了榨油坊，也是採半機械化操作，他們家算是鎮上的食品業巨擘。

當時的交通運輸主要仰賴水運，船隻在石碼頭（常住庵巷口）卸貨後，由人力挑夫稱為「籮班」者，挑運至貨主所在之棧房。所以那時的交通運輸還是很落後的。

在一九三〇年代，那時貨幣穩定，各大字號在四鄉村鎮的老主顧、大客戶都是以「金摺」記帳，到端午、中秋、過年三節到客戶家收取帳款，尤其是在年節前，在前兩節未收齊的帳款都要在除夕前收齊，因此各大字號都要派出中班掌櫃及夥計晝夜在四鄉村鎮收帳。到過年時，店東會以豐盛的酒席款待店夥，一般休業到初五甚至到元宵後，以慰辛勞。各字號的掌櫃對主顧也非常殷勤有禮，我幼時隨母親到洪記源南貨店，他們會包一些板栗或黑棗之類給我。我去天仙閣會吃到雲片糕或寸金糖，那種有人情味的商業文化，讓我懷念不已。

臨澤街上還有幾家有名的茶館酒樓，如在安樂寺街的老福盛、聚豐園、小洞天、朋來，和西街的順興館，它們大都供應早晨的「早茶」，中、晚間客飯，尤其是為大字號商店準備的「包飯」為主要營業重點。每家茶館的早茶，都供應「一壺三點」，即一壺好茶，配以乾絲、小籠（湯包、菜肉蒸餃、燒賣）和澆頭麵三件點心。乾絲的標準製法，是以一塊白豆乾，以刀工片成銅板般厚的薄片，再切成細絲，在沸水中汆燙後，加上火腿絲、開陽、芹菜末等配料，澆上麻油、醬油謂之燙乾絲，上述配料以雞湯燉煮者謂之煮乾絲。所謂澆頭麵即是在麵上的炒菜如肉絲、蝦仁、鱔糊及鹹肉片四色，小麵、中麵的炒菜澆在麵上，大麵則以小盤盛裝。一頓豐富的早茶，午飯可以免用了。

茶館在午後則供作書場，書場以老福盛最著名，他家是以重金在滬上或揚州聘請的說書人來鎮開場。在茶座中間，以兩張桌疊起，圍以桌圍，另一張桌放上座椅，說書人高坐茶座中間以「驚堂木」一拍，即開始演說，其話本大抵以三國演義、水滸傳、七俠五義等章回小說為主。說書人不是照本宣科講演，那樣會沒人聽，他要加油添醬，一段「武松打虎」他會從武松的穿戴，拿的哨棒長短、質料，一雙虎頭靴的顏色說個三天。一段「潘金蓮下綉樓」，會從潘金蓮搽的胭脂、梳的髮型、穿的衣裳顏色質料、下樓的步伐、回眸的眼神也可以說個三天。但也有扯皮的時候，如果你不付茶資，他講三國演義就從「曹孟德帶領八十三萬人馬下江東」說起，因經過一條小木橋，人馬行走在橋上，只聽到馬蹄滴達，響個不停，直到收齊茶資，人馬也就全過河了。

鎮上的早茶，除茶館外，還有很多燒餅鋪、餛飩店、炸油條、米飯餅（以米粉發酵成米漿狀，貼在鍋上，蒸熟後底脆面軟，非常可口）、粉糰、芝麻球、蔥油餅之類的小吃攤。到了下午四點鐘以後則有「晚茶」，除上述點心外，還有油炸餃（以糯米製，包以芝麻或豆沙內餡的食物）、油端、糍飯、湯圓等。還有些游動販可以賣到浴室、澡堂內，供浴後在躺椅上休息的顧客，一邊飲茶、看書看報，一邊吃點心，真是逍遙自在。

臨澤的名產以天仙閣的水晶月餅最為著名，它曾經在民國初年參加巴拿馬國際食品展，得過食品獎。另外他家製作的雲片糕、寸金糖及董糖也受人歡迎。在後街上的新生商店，是抗戰時期自江南遷來的食品店，他家製的五香豆、茶乾也很受人喜愛。南闕門邊，有兩家燻燒攤，他們在下午開市，供應各色滷味和「鴨下」（一付鴨下含鴨頭、鴨翅、肫肝、鴨腸、鴨掌等），冬季供應醃牛肉，經過其處，香氣撲鼻，令人垂涎。冬季西街順興館的冰羊（羊肉加調味佐料煮燉爛熟後，盛入容器內，使自然冷凍，食時切成薄片，佐以青蒜、香醋、辣椒醬蘸食）也膾炙人口。

民國三十一年左右（一九四二），鎮上在安樂寺內修建了一座戲台，聘請過孫家小科班、謝家班等劇團來鎮演出。那時的名角，孫家班有孫寶童（麒派老生）、孫寶良（武生），演出「追韓信」、「徐策跑城」，武戲如「四杰村」、「大收關勝」等全武行最為叫座，謝家班有謝蘭芳（花旦），她的戲如「貴妃醉酒」、「盤絲洞」等最著名。我也是從那一時期喜愛上京戲。那時的劇場內可以讓小販叫賣各種食品，觀眾一面看戲，一面吃東西、嗑瓜子，劇場內提供茶飲和毛巾把，茶房把熱毛巾把在場內拋送，飛來飛去，蔚為奇觀，這當然不合現代劇場的要求，但當時的觀眾只要達到歡樂熱鬧就滿足了。

鎮上的街巷內還有些走街串巷的小生意人，如搖著貨郎鼓賣裝飾品的賣貨郎、敲著鐵錚的修補手藝者、拉二胡的算命者及敲著糖鑼的賣糖人等，形成另一種市聲。在抗戰前，鎮上已引進留聲機、收音機和自行車等新事物。那時的收音機還使用真空管，機箱特大，接以喇叭播放，很吸引大眾。如美華五洋店、何海記百貨店、李維璋百貨店等大字號都安裝了此種機型，以吸引顧客。留聲機則以手搖播放百代公司的京劇唱片，街頭有了音樂和京戲的聲音，增添了繁華氣氛。以自行車作代步工具，有人可以騎到高郵城只用四個小時，較幫船快捷多了。也有人熟練騎車技術後，會在眾人面前獻技，像當時有位曹老四君，他常在汪田邊表演「金蟬脱殻」，也就是在乘騎中，從車上向後跳離車身，讓自行車無人自走，然後再快跑追上，跳躍上車，最令人稱奇。上述這些往事，今日説來，恍如過眼雲煙。

## 二、歲時節日記盛事

故鄉臨澤自古屬「吳地」，民風習俗和「荊楚歲時記」所記大同小異，世代相傳的習俗深入每戶人家，我曾經在那種美好的節慶中度過，至今仍倍感親切。

### (一) 過年

一年中最重要的節日就是過年，現在稱為「春節」。從農曆進入臘月開始，各户人家就要開始「忙年」，從醃製雞鴨魚肉、撣塵掃除、擦拭器皿到蒸糕、蒸團、蒸包子，直到臘月廿三、四日「送灶」，就進入年節了。

送灶就是送東廚司命灶君上天，當時每家每户在鍋灶上方設有「司命府」供奉灶君，為了請祂「上天言好事，下界保平安」，那天夜晚要做灶飯，就是用糯米煮成的飯，盛在碗內，置以紅黑棗、栗子、桂圓、白果等裝飾飯上，以及麥芽糖、紙摺灶馬焚送灶君上天。灶飯是一家團圓的象徵，家人在外要替他留下灶飯，家族中認養的子女或在寺廟皈依寄名的弟子，家族和寺廟要送灶飯給他們。送灶以後就要「辭先」，向祖先拜祭，然後「辭年」祭拜太歲，接著貼春聯，做年菜。

提到春聯最能表現地方的人文素質，故鄉當時的春聯，頗受重視，大多請出書法名家書寫。如我們楊家巷口大門的聯句是「時和世泰，人壽年豐」，也有人家書寫「堯天舜日，禹甸文風」聯句，這也算是民間對政局的訴求吧。有些住宅以「向陽門地春常在，積善人家慶有餘」或「忠厚傳家遠，詩書繼世長」自勉；商店多以「生涯宗子貢，貿易法陶朱」表示以聖賢做生意之法期許，或「生意興隆通四海，財源茂盛達三江」作祝願。餐飲業如朋來飯店乾脆以「聞香下馬，知味停車」號召，後街張家新生浴室以集句聯「與其潔也，不亦樂乎」，頗為貼切。也有以本店字號嵌入聯內，如鎮元綢布莊「鎮定八方開錦繡，元黃五色著經綸」，月秋文具書報社以「月白風清書讀夜，秋晴春暖社逢時」，既嵌其字號，又彰顯其店的特色，允稱名聯。又如育嬰堂當時負責的堂董湯聘之先生他自書「孔作禮運，湯之盤銘」門聯，把育嬰事業和禮運大同篇的幼幼理念結合，盤銘所示日新又新之意與其個人姓氏相合，亦屬佳作。

除夕夜俗稱「三十晚上」，要先「接灶」，然後全家圍爐守歲，吃團圓飯。年菜講究「口彩」，如以肉圓、蝦圓和魚丸燴海參稱為「三元及第參」，冰糖拔絲蹄膀稱為「金榜題名」，紅燒魚為「年年有餘」，什錦火鍋為「金玉滿堂」等。元旦日又稱「大年初一」，爆竹聲中迎新歲，一家人在敬過天地神祇和祖先後，進食湯圓，然後到親戚長輩家拜年，向先人畫像磕頭行禮（紅樓夢小說中稱為拜影兒），完成這些行程後已近中午，回家有年前準備的豐盛年菜，全家團聚，共敘天倫。從初一到初五，依習俗不可動刀動剪，所以年前準備的鹹雞、鹹魚、臘肉、蒸製的包子、粉糰、年糕以及什錦菜等可以派上用場，這習俗倒不是迷信，應該是藉這種說法讓家庭主婦們獲得幾天真正的休息。又如除夕和初一，出嫁的女兒不可踏入娘家大門，這個習俗可能有促使出嫁女兒認同夫家的意義。初五以後，親戚們就要互相請吃「春敘酒」，一年不見的親朋，藉此可敘舊言歡，像我的程家四舅，每年都要請我們這些外甥、甥女到他們家盤桓一天，這個習俗到抗戰後才有所改變。

## (二) 元宵節

正月十五日是「上元節」，又稱「元宵節」或「燈節」，自十三日晚間上燈到十八日落燈，家家户户都要懸掛宮燈或燈籠、走馬燈，至少灶前有一盞「灶燈」。小孩子們手提著紙紮的花燈或手拉的兔燈、繫在腰間的馬燈到親朋鄰居家「送燈」（添丁之意），被祝福的人家則贈以蠟燭或糖果。上燈這晚要進食湯圓（元宵），所謂「上燈圓子落燈麵」，過了元宵年節就算過去了。但也有些行業要到二月初二後，這天是「土地爺生日」，故鄉臨澤這天都土地廟的籮班要出來「跳獅子」遊街，敲鑼聲夾著鞭炮聲，響徹雲霄，這天過後，農閒期就真正結束，各行各業就要各自打拚了。

## (三) 清明

「佳節清明桃李笑」，這時大地從冬季的冰封中甦醒後開始欣欣向榮，郊野一片桃紅柳綠，春意盎然。這個季節的前後，家家都要為祭祖、掃墓而忙碌，「慎終追遠」是這個節日的重要事項。我們家的祖塋在鎮西瓜垜，清明日當天，全家人攜帶著供品和紙錢去祭掃。走過青青的郊野，古人有所謂「踏青」之舉，倒是有益健康的事。來至祖塋要請人挖成圓錐形堆土，放置在墳頂之上，再壓上墳錢紙以示祭掃。然後擺上供品，全家人拜祭，焚燒紙錢，完成對祖先的追思。

此時，各宗親會也在街頭張貼告示，號召各宗親參加祭祖，我們楊家住在鎮上的同宗，也相約在清明後去三洋河、王營等地，向祖先的墳墓祭掃。記得王營祖塋栽種蒼松翠柏，皆為百年以上老樹，抗戰期中均被砍伐。祖塋四周田地由看墳人耕種，他們會雇用幫船讓年長者和幼童坐船前往並準備祭品，作為田租的給付。我們乘船行在子嬰河上，因逆水而上，船夫們要拉縴向上行駛，兩岸的垂柳掛在水面上，船過淙淙的水流聲，真有「春水行船如在天上」之感。在河的兩岸矗立著多座節孝牌坊，還有在田頭的小土地祠，大約每隔一華里就有一座，我們坐在船上數著這些祠座，不久就到王營了。祭祖掃墓後，看墳人家用祭品製作出「六樣頭」菜餚，如炒粉絲、汪豆腐、紅燒肉、紅煮魚、百頁青菜、炒妥粉等供我們午餐，食罷而歸。

## (四) 端午節

農曆五月初五日為「端午節」，又稱「端陽」，為我國民俗重大節日。家家門前懸掛菖蒲、艾草，堂屋張掛鍾馗像以辟邪，裹角黍（粽子）以祀屈原大夫。臨澤的粽子以糯米白粽為主，取其粽葉清香，食時蘸以白糖，此外尚有紅豆粽、火腿粽等，裹成三角形或八角形。當時民俗兒童要身繫香包、帶虎花百索以怯邪驅毒。臨澤因水道狹窄，沒有「龍舟競渡」習俗，那天中午，很多人家用射陽鎮所製黃煙炮仗，放黃煙以驅蟲害。

飲食方面，除吃粽子、綠豆糕、飲雄黃酒外，有些人家中午要進用「十紅」，即十種自然呈現紅色的菜餚，如雄黃酒、鹹鴨蛋、火腿、鹽水蝦、紅糟醬肉、紅莧菜、紅蘿蔔、紅瓤西瓜等，因雄黃酒俗稱有驅邪怯毒之功，如京戲班在這天上演的應景戲「白蛇傳」，就演白娘子因在端陽飲雄黃酒而現出原形，「十紅」可能加重它的功能吧。

## (五) 七月半

農曆七月十五日為「中元節」，臨澤人稱之為「七月半」。這天鎮上城隍廟的城隍爺要出巡賑孤，各行各業依例要以旗鑼傘蓋、刀矛劍戟、金瓜鉞斧、各種執事及香亭花擔之類參與出巡，如食品糧食業的「萬福會」、綢布業的「更衣會」、南北貨業的「同慶會」、中藥業的「景福會」以及「增福會」和磚瓦泥水業踩高蹺的「三福會」，草行業跳判官的「勝福會」等，謂之「出會」。出會前三日，各會就要把隨駕出巡的全副執事燈具在各寺廟陳列，那是臨澤鎮上最熱鬧的節日，附近鄉鎮的人們為了要到鎮上「看會」，而製作新衣、新鞋，因此早在端午節前後，各行各業尤其是綢布業、百貨業以及食品業生意特別興旺。鄰近縣市鄉鎮的商販和走江湖的賣藝者也來鎮上趕集，在汪田邊、韋大場等地麇集著很多小商品地攤以及馬戲班、西洋景（拉洋片）和雜耍賣藝者，吸引眾多人群。

出會當天，臨澤各街道上人山人海，擠滿看會人潮。午後，由「頭鑼」前導，然後由扮演歷史人物身著戲裝的高蹺隊領著各會依次行進，最後為城隍大駕，臨澤城隍敕封為靈應侯，以八抬綠泥大轎，前面有鳴鑼喝道及鼓吹羽葆，遮陽傘蓋簇擁而行。「看會」最佳處一為前闕門，因高蹺過闕門必須展現其高度技巧，一為關帝廟前，因城隍爺位階較關聖帝君低，大駕過此必須偃旗息鼓以小跑步「穿駕」而過。城隍安奉於利孤壇後，鎮上信士紛紛前往燒「安駕香」，傍晚再啓駕「出晚會」，此時鎮上各商家都懸掛著各色掛燈、煤氣燈，照耀如同白晝。各會的旗鑼傘蓋及香亭花擔也要加上燈飾或更換為點燈燭的執事，燈火如龍，更引人入勝。回鑾歸廟後，奉安於前殿，俟十月初一俗稱「十月朝」，再舉行巡行出會一次，然後奉安於後殿。

這兩次「出會」，引來大量人潮，所謂「人潮」就是「錢潮」，帶來很大商機，營造出繁榮景象。

## （六）中秋節

農曆八月十五日為「中秋節」俗稱「八月半」，正是桂子飄香的季節。這一天夜晚，民間習俗以月餅瓜果供於中庭。當時人類還沒有登上月球，月亮上廣寒宮中的嫦娥、玉兔擣藥、吳剛伐桂的故事，讓人們有無限遐想。中秋節必不可少的應景事物當然是月餅，當時臨澤鎮上幾家茶食店日夜趕工，尤其是天仙閣往往在幾個月前就接受預訂，他家的餅餡除水晶餅著名外，如椒鹽素月、伍仁素月也很受歡迎。

拜月時設有「月供」，訂製大月餅一只，這種餅在拜月後全家分食，在外地者要保留他的一份以示團圓無缺。此外尚供有連枝藕，象徵繁衍昌盛。其他供品就是孩子們各盡巧思了。為了爭奇鬥艷，往往在八月初就要下鄉採辦，所選瓜果菜蔬主要以新奇異樣者為勝，例如佛手、盤香缸豆、紅柿子椒、天茄、芋艿、風菱以及癩葡萄等，製作成「水牛望月」、「佛手添香」、「玉兔拜月」、「劉海戲金蟾」等，陳列在供桌上供人觀賞。

臨澤的月供以天元堂最為精巧多樣，因為他家可以選用奇形別緻的藥材製成各式供品。記得有一年他們的供品竟製成「貂蟬拜月」、「嫦娥奔月」、「太白醉月」、「東坡觀月」等故事，令人稱奇，這是與台灣過中秋最為不同之處。

「月到中秋分外明」，在臨鎮的汪田邊、東山，是最佳賞月處，吃著四角菱、芋芳、月餅，偶聞遠處笛聲，故鄉的中秋夜，令我難忘。

## (七) 重陽

九月初九日稱重九，又稱重陽，重九登高的故事據「歲時廣記」所引，係術士費長房告友人桓景，九日當有災厄，宜登高飲菊酒禍乃可消，世代相傳於是日登高，盛茱萸繫臂。臨澤地處江淮平原，無山可登，因此民俗以糕代高，食重陽糕以替代登高，卻是一著高招。另在「詩話」上有一則名句「滿城風雨近重陽」，這句詩說明重陽前有風雨，在臨澤叫「重陽暴」，其實就是台灣所稱「秋颱」，風力較強，我幼時曾遭遇過「重陽暴」，風雨打進了家中堂屋內，確是驚人的一幕，至今仍有印象。

## (八) 冬至

冬至是廿四節氣之一，又稱大冬，「歲時廣記」以冬至號為亞歲，作為節慶起源甚早。魏晉於至日設朝賀，「東京夢華錄」稱宋代最重此節，「更易新衣、備辦飲食，享祀祖先」，故臨澤亦有「大冬大似年」之諺。和台灣習俗一樣，這天要進食湯圓，祭祀祖先。冬至過後就近臘月，臘鼓頻催，學子們就要「收拾書包好過年」了。

## 三、寺廟古蹟話滄桑

臨澤市集形成甚早，所以寺廟古蹟甚多，但戰爭和動亂影響，今日仍保存完好者幾已絕跡，所話滄桑，亦如白頭宮人話天寶舊事而已。

### （一）安樂教寺

為臨澤第一古剎，始建於南宋孝宗乾道年間（一說為蕭梁時代的「四百八十寺」之一），明清兩代多有修建。山門外有八字門牆，山門上方有石刻「安樂教寺」四個寶藍色正楷字匾額。進入山門後，第一進為彌勒殿，殿中立有高大的哼哈二將，依次為天王殿，有韋護、四大金剛寶像；第三進為大雄寶殿，殿內有三尊法相莊嚴的大佛、兩旁為十八羅漢、大佛背後為海島觀音，最後進為萬佛樓。

所謂「教」就是教授三藏經論的寺院，非一般的香火院。我因曾在華英學校讀書，學校設於寺內的東廂，我每天來此，對本寺自有一分熟悉之感。那時萬佛樓下，還有禪床，供受戒僧侶使用。大雄寶殿正樑上方懸掛有「般若妙源」四個擘窠大字匾額，大殿覆蓋著黃色琉璃瓦，夕陽下金光四射，從外地到臨澤在很遠處就可看到寺院的殿角，成為臨鎮的重要地標。十八羅漢栩栩如生，我們同學常有人淘氣的站上去摹擬其神態，反而不及佛像自然。

寺院東側為方丈，我幼時隨姑母來寺進香，當時寺內天井內還有高大的百果樹，寺僧招待我們在退居寮午齋，他們的紅燒豆腐、素麵，非常美味好吃，這些往事已成陳跡。我對安樂寺的被折毀，頗不以為然。在俄羅斯的聖彼得堡（前蘇聯時代的列寧格勒），莊嚴的大教堂如今照樣存在，就以江蘇省境的鎮江金山寺、蘇州的寒山寺而言，現在都成為重要的觀光旅遊景點，當時的拆廟人不知作何感想！

## （二）古觀音庵

位於鎮西老壩頭，又稱「西庵」，為淨土宗寺院，庵門東向為兩進式四合院殿宇，大殿供奉觀世音菩薩。本庵山門上方有隸書刻「古觀音庵」四字，歷史當然悠久。我與本庵的淵源是因我的二姨母（程式母親的親妹）在此落髮出家，我們因此改稱她為「和舅」。由於觀音庵沒有廟產，要靠化緣和「打佛七」的布施來補助日常開支。我在家鄉一度失學時，和舅要我隨同他去鄉間化緣，由我在功德簿上記上布施的金額。「佛七」就是連續七日的念經禮佛活動，這對一些在家修行的居士和信士很具吸引力。他們會向庵內布施油鹽柴米以及一些菇筍蔬菜之類或金錢等，中午庵內會供應素席齋眾。和舅會請我幫他記下這些布施在功德簿上，並張貼在壁上以昭公信。我看到那些居士和信士們一早就虔誠地來到道場禮佛唸經，做完功課帶著滿足的神采回家，這可能就是宗教的力量吧！一九四五年左右，和舅曾為本庵免予拆毀命運，多方求全，終難如願。

庵之西側，有一草庵，三〇年代為一老尼住持，她會為人「收驚」治病。我幼時有次生腮腺炎，我母親帶我去求診，老尼命我端坐在她身前，她手持菜刀口念咒語，對我臉部不斷空斬，然後突以冷水噴臉，兩次後竟然痊癒。

## (三) 十方常住庵

位於常住庵巷內，宋代淳熙年間興建，清代及民國二十年代曾予修建。民國三十年間，當時的住持竟帶著「家眷」同住庵內，實屬荒唐。

## (四) 淨土庵

位在青蓮巷西，現為臨澤碩果僅存的古庵。據茗莊居士「菱川百詠」，稱其庵內住持僧尼經常更迭。我少時嘗游經該庵，尼師們暮鼓晨鐘，謹守佛門功課。但我於一九九七年返鄉時，曾和二哥在此請庵內僧眾做佛事追薦先人，作完佛事後，竟見和尚們抽菸、飲酒，大塊食肉。直覺這種佛事不作也罷。

以前臨澤鎮上尚有十方萬壽庵、如意庵、華嚴庵等，可能也都不存了。

## (五) 崇寧觀

位於汪田邊西，面對大羅壙，為道教全真教派。供奉真武大帝，山門前殿內塑有靈官、龜蛇二將。門前有石柱兩支，鎮人多訛傳為薛仁貴征東時曾在此駐馬，茗莊居士指其為「舊時海陵西鎮守」，門前留兩石頭青」，當為從前海陵溪官方用物，於此亦可見此道觀為古蹟。

臨澤道教尚有「三元宮」供奉三官大帝，為天師派，在李家田有茅山宮，供奉茅山真君，為茅山派。

上述道教宮觀，我少時見其多為和尚住持，可謂「道巢僧占」。臨鎮唯一的老道名叫郁謙吉，是全真教派，那時棲居在都土地廟內，過年時印送天地疏和灶疏以換取工本費以度生活，他在過年時會以梅紅箋印其姓名以作賀年卡，插在門縫間，因此我得知其姓氏。道教宮觀目前在臨澤亦已絕跡了，崇寧觀舊址現為臨小教室。

## (六) 天主堂

在西街尾，面對胭脂溝，為臨澤鎮上唯一的一座教堂，其建築當在清代同光年間。教堂門樓有直書「天主堂」三字，進門是一方小花園，綠草如茵，堂呈西式，嵌以彩式玻窗，屋頂有鐘塔，每日晨、午、晚敲鐘作息。堂內司鐸徐神父為江南人，為人和藹。我因父親和他有文字往來，常至其北側住所內，陳設有鋼琴、腳架式照相機，屬於西化的物件。徐神父會說法文，一九四五年間，我親見其鋼琴被人抬走。現在教堂亦改作民居了。

## （七）泰山廟

在鎮東一高墩之上，臨鎮人俗稱「東山廟」，祀東嶽大帝，是廟門唯一西向廟宇。從前廟內有兩株五穀樹，我幼時曾見樹上開花呈稻穗狀，該年應為豐年，據說如花呈蘆花狀則為荒年。抗戰前，該廟僧人頭束戒箍，身背佛像，手持木魚，日夜在臨澤街巷和四鄉村鎮募化，發心重修廟宇，經過多年苦行，終於把泰山廟修建成功，果然殿宇堂皇，氣象一新。不幸在建廟完成後，抗戰爆發，該廟首先由中央軍進駐，日寇占據臨澤後，淪為鬼子兵巢穴，以後續為汪偽軍盤據，最終淪為廢墟，良可浩歎。

臨澤神廟尚有西街的關帝廟、前河沿的城隍廟，安樂寺街的都天行宮和都土地廟。廟門門樓均建有戲台，都天行宮後進公館，曾為清代駐防臨澤的「副汎公館」，以後一度為第五區公所所址，日偽時為戲院。現在前院已拆除，後進為退休幹部休養所。

## （八）喬公祠

在安樂寺門牆西側，清道光年間鎮人捐建。祀宋代臨澤鄉賢喬竦、喬執中父子，執中字希聖，英宗治平四年進士，累官至提點京西北路刑獄、東京西路安撫史。曾修編「熙寧條例」，宋史稱其「始終不渝厥守」。著有「中庸義」、「周易說」、「詩義」等多種。抗戰前，第五區公所曾在此為辦公處所，今已不存。

## （九）巡檢衙門

在進化街東，為清代時堡司巡檢衙門，俗稱「衙門口」，主管境內巡盜與查緝私鹽。為三進式建築，第一進為門房，第二進為公堂，第三進為花廳，兩旁為羣房。抗戰前為公安分局駐所，後為區公所公署，日據時為日軍駐地。日寇撤離後，一度空置，我曾與同學多人入內參觀，所挖地道前至前河，後至李家田邊，多條通道伸至地堡，每一地堡之射口，可一八〇度射擊，其工事建築令我等為之驚奇。巡檢衙門之建築如能保存至今，當為觀光景點，亦為有價值之古蹟。

## （十）古孝子巷

在衙門口東側，傳說為廿四孝萬里尋親孝子朱壽昌在此寓居舊址。壽昌曾在北宋時為官，為尋母辭官終於相逢，由是以孝聞名天下。我曾見巷口立一石碑書「古孝子巷」四字，亦為我鎮古蹟之一，今已不存。

## （十一）樂善好施牌坊

在韋大場。茗莊居士「菱川百詠」有「年飢韋氏願捐輸，章奏朝廷帝曰俞，樂善好施名永久，牌坊旌表見通衢。」不知牌坊現況如何？

## （十二）京江公所

在楊家巷內，為京口鎮江人士為避洪楊之亂，遷居臨澤之同鄉會所。茗莊居士「菱川百詠」指為「能避紅巾真福地，區區會館築京江。」公所門樓內為天井，兩進五開間，前廳為議事廳，懸掛多幅名人書題之匾額楹聯，後進為鎮江人士居住。房舍建築應在清代同光年間，現已為普通民宅。

## （十三）萬安橋

為後河通往南北之主要橋樑。為磚石建構，為利河面行船，橋身拱起，橋上有柵欄旗桿，建築年代不詳，依舊時型制，當在明代修建。

臨鎮四周環以河道，主要橋樑尚有前河之太平橋、堂子橋、郤氏橋、城隍廟橋、泰山廟橋，西河有磨子橋、老壩頭木橋，抗戰期中在後河萬壽庵前建有一座木製結構之新橋，又稱「洋橋」，前河衙門口前有通往大操場之木製便橋。其中太平橋建築最為美觀，拱形橋身呈月洞形，抗戰中遭日寇飛機轟炸斷毀。現在前河業已淤塞，西河也消失了。

註：臨澤附近鄉鎮的廟宇古蹟未列入。

## 四、人文薈萃念鄉賢

吾鄉臨澤雖僻處縣城之東北隅，但自古人文薈萃，皖贛、京江人士亦因避洪楊之禍多徙居於此，鎮上住户經濟能力稍佳者，多遣送其子弟赴外地名校就學，故對外信息尚稱暢通。臨澤在宋代有喬竦、喬執中父子為名臣，明清兩代亦多賢士，有清一代於高郵州志可以查考者如名儒、名醫、書法家、畫家等輩出。民國以來僅就我曾經瞻仰過的或曾受教過的碩德鴻儒、詩文博學或書畫名家等，簡述其生平，以彰吾臨澤鄉邦之光。

### 車紹伯

諱彤恩，臨澤大儒車公伯起之後，與先君為同窗好友，常來吾家敘話。善詩文，其書寫安樂教寺楹聯頗為著名，上聯為「與汝安居，脱穎而出，造福善修持，古剎談經傳貝葉」。下聯為「適彼樂土，凡念都捐，有基導正果，鐙王即席現蓮花」。聯句中嵌有「安樂」及三位前後方丈脫凡、福基、古鐙法名，聯文宣揚及讚頌佛法，允稱名對。一九四一年逝世。

## 楊石卿

諱天麟，一八八三年生，兩江高等師範學堂畢業，民初曾任縣參議員、縣學務委員、水利研究會副主任等職，致力地方建設。民十七年遠遊江南，執弟子禮於李公根源之門，嗣入津浦路局供職。抗戰爆發後返鄉，為拒敵偽邀請參政，蓄鬚以示不出，以設帳授徒以維生計，時與本鎮文士車紹伯、韋鶴琴先生等詩文唱和。此期間因敵偽之困擾以致抑鬱成疾，於一九四四年病逝。書法工石門頌隸書，著有「松柏廬吟草」一卷。

## 顏志鴻

字循伯，原籍江都寄籍臨澤。碩學懋德為鄉里所敬重，設帳授徒，當時從先生授業者有王宇清、楊鳳翔等，先生與臨澤文士車紹伯先生相友善，時以吟詩唱和。抗戰爆發後遷離臨澤。

哲嗣顏孟平，大學畢業，曾任本縣第五區區長，於抗戰初期服務桑梓多有貢獻。

**韋鶴琴**

諱子廉，一八九二年生，南京兩江師範畢業，其令先祖茗莊居士柏森公著有「菱川百詠」名世。曾任高郵縣立第二高小校長，縣立師範、省立雀堡鄉師教師。工詩文、書法，晚號潛道人，曾節臨碑帖十種參加一九二九年上海全國美展，著有「敝廬詩稿」一卷，一九四三年病逝。

**鄭穀樓**

原籍安徽歙縣寄籍臨澤。以繪畫聞名，工花鳥、樹石。與臨澤文士楊石卿先生等時有往來。曾創立鎮元綢布莊，亦儒亦商，為士林所重。

## 賈筱齋

原籍鎮江寄籍臨澤，以詩文與楊石卿、鄭穀樓先生等往來。曾出任臨澤鎮長。對桑梓多有貢獻。

## 問子萬

寶應縣人，曾寓居臨澤。以經學見長，精通易理，曾任清代狀元陸潤庠氏幕賓並任安徽固鎮巡檢使。一九四二年病逝。

## 馮憲成

字則先，一九〇四年生，上海法學院法律學系畢業，創立上海育才學校自任校長。抗戰期間任上海北區防護團指揮，曾參與上海保衛戰。勝利後出任上海市參議員，兼上海市民眾自衛總團閘北區團長、閘北區第二中學校長。民三十八年來台，任彰化縣女子高商職校訓導主任，退休後繼續應私校之聘出任教職。一九八九年因病在台逝世。

## 沈忻甫

原籍安徽，寄籍臨澤，一八九一年生，字一粟，曾任臨澤第二高小教師，高郵縣中及泰縣縣中教師。抗戰期間出任公職，勝利後返高郵任縣府主任秘書。民三十八年隨軍來台，四十一年任省行政專校及中興大學法商學院秘書，民國六十二年因病辭退，次年在台北病逝。

## 車　載

車公紹伯哲嗣，字銘深，上海大夏大學畢業，服務教育界，抗戰期間曾為中共在上海之地下工作者，後赴蘇北濱海地區工作。中共建政後歷任華東大學、山東大學教授，上海圖書館長等職，為研究老子學術專家，一九七二年逝世。

## 吳子安

原籍鎮江寄籍臨澤，於鎮江、南京等地經商。民三十四年曾與友人集資於高郵縣城創立緯業錢莊，勝利後停業。先生雖在商場，然重道義，守然諾，與臨澤文士多有往來。

## 王宇清

一九一三年生，公務人員考試高考及格，縣長考試及格，曾任高郵縣議會副議長，高郵縣訓練所教育長，創立私立珠湖中學自任董事長。三十八年來台，參與籌建國立歷史博物館並任館長。曾舉辦「台灣與中原文化的歷史淵源特展」深受重視。六十二年退休，轉任中興紡織公司監察人，實踐家專及輔仁大學服裝史教授，七十一年在台北創辦「國際服飾學術會議」，為中國服裝史學權威。民國九十九年病逝。

## 葉鳳梧

字桐岡，其先君其蓁公晚清舉人，首創臨澤「麗澤學堂」。抗戰前任臨澤小學校長多年，培植臨小子弟其中有成就者多人。日寇陷臨澤息影家園，課徒為生，民三十四年一度出長私立華英學校，嗣因經費不足旋告停辦。一九四六年遇難亡故。

哲嗣葉勞。原名蔚霞，一九二三年生，民國三十五年國民政府招考海軍潛艇軍士班，經投考錄取，派遣英國皇家海軍機校學習，民三十九年英國終止留學協議，遣返回國。葉勞與同學等「起義」返大陸，文革期間遭退職失業在家，一九八三年平反，二〇〇六年病逝。

## 韋子高

字仰之，從事地方教育，曾任臨澤小學教務主任，私立華英學校主任，為破除迷信，曾以骷髏頭骨陳列其辦公室，使人印象深刻。在華英學校任內撰寫校歌，意義深長，詞曰「子嬰河畔，古剎樓頭，巍然黌舍新修築，置身春風沾化雨，莘莘學子書攻讀，校訓昭垂智仁勇，殷殷桃李俱成熟，重光華夏唯我羣英，矢肩大任興民國！」一九四六年與葉校長同時遇難亡故。

## 房子寬

為臨澤鎮熱心公益人士、慈善家，任臨澤「水龍局」（消防）局董、「施財局」局董，貢獻甚著，人稱「房七太爺」。一九四三年協助楊公石卿整頓義倉及豐備善愿事業，查訪貧户，按户核實發放白米，頗受好評。一九四四年偽和平軍自界首換防途中為中共軍伏擊全營繳械，偽軍要挾臨澤鎮民賠償，鎮民群起跪請楊公石卿向中共軍方交涉，楊公不得已前往，房公毅然陪同前往，義行感人。

## 洪度上人

上人俗家在臨澤南河十王殿，為一有道高僧，曾為蘇州洞庭東山靈源寺方丈。李根源先生太夫人之喪，曾延其在府誦華嚴經四十九日，其見重如此。抗戰後返鄉乘坐民船，同船有患時疫的患者，上人親為照料，不意竟被感染，於十王殿一小廟中圓寂。

### 夏美馴

筆名翟羽，臨澤北河夏家集人，一九一五年生，軍校畢業，抗戰時期在魯蘇戰區主辦軍中新聞。來台後，服務空軍，退伍後，轉任國立歷史博物館研究組主任，並在大專院校兼課。著有「歷史文物與藝術」、「陋室談藝錄」、「逍遙到處思鄉無」等著作多種。二〇〇七年病逝。追晉空軍少將。

### 湯聘之

臨澤育嬰堂堂董，為育幼事業盡瘁，與臨澤文士有詩文往來。曾書寫「孔作禮運，湯之盤銘」門聯見重士林。

### 萬先生

不知其名，住後河一草屋中，不治生產，任俠仗義，少時曾遠遊在外，因先天短舌，致講話口齒不清，常見其造訪石卿公，綜論古今。其家藏有古劍一柄，不輕易示人，為臨澤遊俠者流。

臨澤鄉賢除上述前輩外，就現有資料，海峽兩岸尚有很多傑出人才，如射電天文學家趙仁揚、著名經濟學者吳易風、地理學者夏訓誠、農學專家張奎鳳、以及留美工程博士朱大中、留美生技博士曹祖寧等多人，此外服務於軍政界、工商界以及從事教育文化事業有成就者亦有多人，雖飄零散居海內外各地，然均為吾鄉邦俊彥，為菱川之光。本章所記以過世之鄉賢為追念主體，現存者不列入。

# 貳、話我家庭

## 一、家世及近支世系

我們臨澤楊氏是於清代雍正年間自高郵州之車邏壩遷徙到臨澤。而車邏楊氏則係由第一世祖樓泉公於明代萬曆年間自蘇州府（今江蘇蘇州市）遷徙而來，至蘇州以前之家世，則因家譜毀於文革浩劫，致無從稽考，深以為憾。

我們家的堂號和一般楊姓的「四知堂」不同，這段故事要上溯到漢代大儒關西夫子楊震，相傳楊夫子身後安葬時，於墓穴中出現三鱣魚，故我們這支家族就以「三鱣堂」為堂號。

我們楊家落戶臨澤鎮迄今，算來已有兩百八十餘年，臨澤鎮的街巷自古有「三街六巷九坡台」之說，我們楊氏聚居的楊家巷，就是六巷之一。祖先的墓廬在鎮西的三洋河、王營一帶，我幼時曾隨宗親在清明時前往祭掃，那時塋上蒼松翠柏，滃鬱蒼翠，今已蕩然無存矣！

我們家族的近支世系，經查有關資料簡述如次：

先高祖考諱本濬，字紫溪，據高郵州志載，公為「清嘉慶朝國子監生，善畫山水畫」。我少時於家中見過其山水冊頁，清逸高致，款署「煙波釣徒」，當可想見其為人。高祖考有兄弟二人，其長鑑川公諱本澄，無後，由本支兼祧。先曾祖考蓴亭公諱棣，其個人事蹟，據傳某年除夕，有一路人凍斃於距吾家門外約七八步處，研判可能為尋求資助不及至吾家而遭凍僵者，蓴亭公不因新年節慶忌諱，為其料理後事。先祖考慶西公諱國成，清太學生，妣周太夫人，據騰衝李根源氏「曲石文錄」中所載慶西公墓誌銘，稱其「棄儒習商，好濟人之急，有借貸數千金無力以償，即火其券不深究，而自奉儉約，絲粟不妄費」。我家在先祖父時，曾創設有錢莊票通大江南北，其盛況可以想見，但因用人不當，也可能管理不善，遭到一名惡夥的詐騙而虧損以致倒閉，我家家道亦由此中落。我出生之次年，祖父即辭世，故我對他老人家沒有印象。先祖父有兄弟二人，其兄子佳公諱國興，為「老二房」，先祖父為「老四房」，按譜序，先祖為國字輩，父親為天字輩，我為鳳字輩，我的下一代為曾字輩，以後排序因家譜不存，就失去依據了。

我原名鳳升，從軍後更名為國生，當時因不知先祖輩排行名諱，以致冒瀆。在台同鄉先進沈忻甫先生與我第一次見面時，曾為此見責，忻甫先生曾受業於先君，故對我家狀況較為熟悉。

先伯祖子佳公有子二人，其長為我大堂伯，遷居鹽城縣沙溝鎮，我們稱為「沙溝大大」，其後人有孫女珍英曾服務於上海電力公司為工程師，曾來台旅遊。二堂伯雲甫公諱天祥，其創設之「美華號」五洋商店頗具規模。二堂伯現有孫女曾英居上海，亦曾來台旅遊，其外孫服務於虹橋機場任會計。先伯祖有女一人，依大排行為吾大姑母，適臨澤壩口吳氏，其長孫際明君來台曾服務於蒙藏會，現已病逝。

先祖父慶西公有子二人，長即先君，次天培公夭逝。有女四人，吾二姑母適左氏，生二女，長女適龔振聲先生為吾大表姊，其子被日寇空襲死亡。次女適葉鳳梧先生為吾小表姊，有子女多人，其次女素霞與夫馮文起先生居上海，次子葉勁為文史工作者、藝術家，全家居建湖縣，三子蔚三現居臨澤故居。三姑母適問子萬先生，有一女淑貞適居啓文先生，有子女多人，居句容市均事業有成。四姑母適射陽陳獻斌先生，有子一，即陳序廷（立爵）兄，為吾姊丈。女白玉適朱已逝，其孫留英劍橋大學。五姑母適高氏，因五姑丈早逝，無後。

先君石卿公，先妣程太夫人（無出），金太夫人生余兄弟三人，長鳳翔、次鳳來、三鳳升（國生），女三人，長鳳華、次鳳安、三鳳雲。

吾家旁支世系及近支戚族繁多，當另作記載。

## 二、我的父親

父親石卿公諱天麟，生於清光緒九年（一八八三），幼受業於大儒車公伯起之門，應童子試名列前茅，科舉制廢，入兩江師範學堂，以優等卒業，獲獎「涵芬樓古今文鈔」一部，引為殊榮。

民初，致力家鄉教育及建設事業，曾任縣學務委員、縣參議員及水利研究會副主任委員，在教育及水利建設方面，多有建樹。民十七年（一九二八）遠遊江南，執弟子禮於騰衝李根源（印泉）先生之門，嗣供職於津浦鐵路管理局。抗戰軍興返回故鄉，日寇陷臨澤後，為保持民族氣節，抗拒敵偽之邀，乃蓄鬚以示不出，設帳課徒，舌耕以維生計，雖有時生活面臨困頓，不動搖其志。關於父親的生平事略，我在父親逝世五十周年紀念集中，曾寫了一篇「懷念父親」，如附錄一。

父親的晚年，正值敵偽統治時期，有幾件事使他難以釋懷，我在前文因未提其事，茲略述如次：

其一、在一九四三年的農曆除夕，正當我家祭拜天地神祇時，突然來了三個不速之客，他們歪戴軍帽，身披棉大衣，趔趄著走進我家堂屋。家人為此正感到驚訝時，其中的一人出言不遜地發話：「咱們是靠山吃山，靠水吃水的，君子不擋人財路，大家要放明白些！」父親這才會意過來。由於當時偽軍糧餉不足，他們常使用各式花招勒索殷商和富農，藉請客吃飯之名，邀其進入駐地後，拿出樂捐冊請其認捐，不表示就予羈押，俟其獻出款項後再予釋放，如果仍拒不捐繳，就藉詞以嚴刑使其就範，甚至處死。父親常因鄉民的懇求，請其以家鄉長者身分出面為其「求情」，偽軍首腦為顧及情面有時也理性放人，但事情多了，就會招致不滿。此時父親鎮定地以充滿正義的態度告訴他們，不要如此，我為鄉里人民講話是天經地義的事，你們不是也講天理嗎？那三個人無言悻悻然離去，其中一人，故意甩開大衣袖子，把桌上供品全都灑在地上。那是一個很難堪也是很難忘的除夕夜。

其二、在一九四四年，起因於駐防界首偽軍的一個營到臨澤換防，中途為中共新四軍伏擊而繳械，駐臨澤偽軍因此放話，要鎮民賠償，否則就不得太平。不知是由何人指使，一些從不相識的人物跑來我家，他們要求父親出面向新四軍交涉發還槍械。這事說來頗為荒唐，父親當時就予婉拒。不料次日清晨一大群男女老少手持香炷，從我們家大門到天井跪滿一地，並聲稱如父親不出面，鎮上百姓只有死路一條。如此情景，父親知道不出來將承擔更大責難。他只好請鎮上幾位熱心公益的人士有房子寬先生等二、三人陪同他於次日親赴數十里外的新四軍駐地。沿途尾隨著一大群鎮民，但他們在半途即被新四軍所阻，只請父親和幾位陪同者代表到當時的中共縣人民政府所在地，由楊姓縣長接見並禮貌的予以招待。父親和幾位代表說明來意，懇請他們念在鎮民的身家性命，並為贏取民心，發還部分槍械。但結果是預料得到的，他們義正嚴詞地拒絕了。天已昏暗，父親一行人才返回鎮上，走了一天路，費了很多口舌，身心俱疲，還要受到某些說風涼話的人奚落，尤其是郵城某一報紙，無視鎮民苦苦相求，好像父親沒有常識，為此，父親感到十分無奈，終因抑鬱而病倒了。

幾年前，因兩岸通航之便，同鄉好友韋壽春兄返鄉，在其令尊鶴琴先生遺著中發現父親和韋世伯的唱和詩稿（如附錄二），影印送我。這首詩作應在一九四三年韋公去世前所作。父親在詩作前有箋引：「大作寓感慨於頌祝，甚為得體，弟於昨晚擬就五古一首，附錄於後，即乞斧正」。這是酬答韋世伯的詩：

陽春召煙景，壽宇欣稱觴，英年負豪氣，蔚為淮海光，壯志干青雲，投筆從戎行，營規誇細柳，箭術高穿楊，聲威肅綱紀，虎豹驅豺狼，萬里瞻雲程，福壽同無疆。

韋世伯原著如次：

江淮毓秀挺英姿，三十功名分外奇，大地昏沉何日醒，佇看勳業羽書馳。

嫩寒天氣杏花前，共祝靈椿歲八千，人海滄茫無限恨，羨君先著祖生鞭。

父親和韋世伯的詩中，都寓意深長，也反映出他們在敵偽統治下感受到的無奈，因此寄望於江淮間出現一位文武兼資的英豪，以掃盡豺狼，這是多麼的沉痛啊！父親在韋世伯逝世後曾輓以「陳蔡之間厄吾輩，車湯以後哭先生」可以說明其心境。按孔子厄於陳蔡，事見論語；車湯指車紹伯、湯聘之二先生為臨澤文士，均在一九四二年前後過世。這些都顯示了父親心中的抑鬱與苦悶是沉重的，加上前述的遭遇，益增其內心的煎熬，但他的病情遭到庸醫誤診為「寒熱」，終至不起！

父親過世後，公祭那天，許多識與不識的鄉親都來祭奠，出殯的行列，經過臨澤幾條街道，沿途路祭者達數十處之多，使我們深受感動。父親的風範，受到全鎮人民的尊敬。

我想，父親一生，沒有作過大官，也不是富有的人，他甘於平凡，生活平淡，他之所以受到人們的尊敬，應當説是因為他平凡中的偉大：第一、他深明大是大非，堅持民族氣節，在日偽時代雖有人請他出山，但他自甘生活平淡，不移其志。第二、他堅持為利人民，不計個人榮辱。如他為地方人士「求情」所受的難堪，只是為為鎮民免遭勒索，向中共軍請求發還部分槍械，明知不可為而甘受奚落，只是為鄉里盡心而已。第三、他做事盡心盡力，力求完善。如他在地方人士請他董理「豐備善愿」事業，這是一個義務職，他承擔了責任就要改革以前的弊端，為改善以前施粥時讓貧民冒嚴寒排隊等候的舊例，不辭辛勞，不畏寒凍，親自實地查訪貧户，按口核實發放白米，不僅稽核確實，且又節省施粥所需人力及作業開支，並使隱貧之家得蒙實惠。第四、他不貪非份之財，不受他人資助。有一次，一位一貫道的長者問先生來我家造訪，在告辭離去後，在座位旁留下一個紙包，上註「送請哂納」字樣。裡面竟是一細儲備券（偽政府貨幣），等值約為現在三四兩黃金，父親立刻請母親返還問先生，問先生表示，因見父親為鄉親操勞，而家庭生活清苦，因而用這種方式資助吾家，他坦承作法不當深感愧疚。父親感受到他的善意，但不接受資助。第五、不念舊惡，與人為善。我在「懷念父親」一文中，曾述及一位誣告父親的人，天網恢恢，據說他在抗戰中竟因販賣日貨而遭拘禁。依當時的情況，當地區長就可下令槍斃他。他們家人不知受誰指使，謂只要請楊某人出面講情，就可免死。他們家人跪求父親發慈悲心相救，父親慨然允諾，只要他改過，就出面請求主管官署從輕發落。這可以說是「以直報怨」的風範了。

我們深以父親抱持的情操而感動，也因為他的偉大胸襟，感到自豪。

## 三、勤勞一生的母親

母親姓金諱月英，江蘇興化人，生於清光緒廿九年（一九〇三），他在家居長。我五歲時，母親曾帶著二哥和我回到外祖家，我的外祖住在興化東門塔橋口，是一位小本生意商人。那時我見到外婆還有四舅、五舅和姨母，他們對母親十分尊敬。母親十九歲時就嫁來吾家，當時是父親的側室，因我有一位程氏母親，她不能生育，祖父母七十多歲望孫心切，所以命父親再娶吾母，母親生我兄弟三人，姊妹三人。我的程氏母親大約在我三歲時就已去世，她對我們非常愛護，我彷彿記得她曾攜帶過我坐船，到過茶庵、或另一個寺廟，以及她過世後我們為她守孝拜祭的情景，其他已毫無印象。

母親來到吾家時，年紀雖輕，但已負起操持家務的重擔。她要上事公婆，伺候大母，還有寡居的五姑，二姑母去世後留下的兩位女兒也在我家，再加上要照顧幼小的兒女，其辛勞可以想見。當時家中雖有幫傭，母親通常都會和傭人在一起操作，她這種勤勞竟成為她的習性，以後的日子一直如此。她曾在無意間會流露出對宿命的嘆息。

她早年曾讀過書，有時會吟念些她喜愛的千家詩的詩句，如我常聽到的「等閒識得春風面，萬紫千紅總是春」或「莫待上林花似錦，出門都是看花人」等一些對青春嚮往的詩句。但家務操勞，使她無法看書習字。提到倡導天足運動，她非常滿意，這使她沒有受到纏足之苦。

在我程氏母親過世後，母親和我們子女為她守了三年孝，滿孝後，母親有曾向父親請求「扶正」之說，為此好像有過爭執。我猜測父親可能不主張作形式上的張揚，這正是父親一貫的低調作風。這件事像船過水無痕，他們從未在我們面前提起過，此事我只有點模糊印象。其實我母的個性是有一點心高氣傲、不甘人下，性格也很剛強，對我們做錯事就會疾言怒斥，也常因言語頂撞別人，但她心地十分純良。我五姑母常指其為「刀子嘴，豆腐心」，和舅形容的更妙，說她是「柏鑑菩薩，面惡心慈」，這些都是我母剛直的一面，她平日和人相處是很慈祥和藹的。

有件事，我必須替母親說出，那就是她對於她所處的地位是有點不滿，她可能曾遭受到某些對她輕視的眼光或言語，以我母的性格她是不甘的。記得在我小時候，有次外祖母來到我家，母親竟要她儘速回去，這也可能是對外祖母有些怨懟吧？但母女之情畢竟天高地厚，她有時想到外祖母又會難過得流淚，正如她對父親的敬愛從無怨尤，這可能就是她心中的無奈。

母親對父親真是十分敬愛，家中經濟即使非常拮据，她也從未為此事向父親抱怨過，相反地，她總會想方設法在飲食上盡量滿足父親的喜愛。抗戰時期，我們住在鄉間生活較苦，但每逢周末，母親總會做些好菜讓父親品嚐。母親的廚藝也算得上很精，她做的紅燒獅子頭、紅燒鯿魚、煎魚餅、三圓燴參、冰糖蹄膀以及一些湯品，都為父親喜愛，也滿足了我們口腹之慾。

我在「懷念父親」一文中，曾提到我們家的錢莊曾遭到一個惡人的詐騙，他不僅害得錢莊破產，甚至遭到他的誣告，為了打官司和清償錢莊虧損，我們家曾向別人借貸並把祖產的幾十畝田地抵押給別人，因此父親在津浦路局雖有一份優厚的薪俸，每月大約有一百幾十元大洋匯回，但母親僅能留二十元作家用，其他均作為還債之用。儘管家中經濟十分困窘，但母親仍堅持吾家三件公益傳統，其一、保持巷內的一盞路燈，從傍晚到天明以供行人照明。其二、炮製燙傷中藥，這是我家祖傳的燙傷秘方，每年炮製，免費供燙傷人取用（可惜此項祕方今已失傳）。其三、每日煮飯預留供貧窮乞食者之熱飯。抗戰前一年，家中的債務已清償差不多了，經濟上稍有寬裕，此時家務事也較輕，母親才有空外出和她幾位年紀相近的友人閒話家常，記得母親常帶我去小表姊葉家或住在左家大門的一位江西阿姨家，她們有時會在一起盤桓一個下午或晚上，我回想起來，這段日子可能是我母一生中最愉快的時光。

由於家中的經濟狀況好轉，父親有意讓我們全家遷居南京，這樣他每天可上下班，享受居家之樂。母親為此也高興萬分，她為了我們將到大城市去，特別訂製了新衣，也為我買了小西服和中山裝。民國廿六年（一九三七）日寇侵華戰爭爆發，我們的希望也告破滅！父親自南京返家後也失去了優厚的薪俸，家中再度過起艱苦的日子，日寇的侵略，使我們家受到影響！

民國三十一年（一九四二）在興化的五舅結婚，特邀母親返興化娘家，父親鼓勵母親前往，當時，我看到母親穿著旗袍，帶著耳環首飾，配上她的白皙膚色，看起來雍容大方，一改平日操勞粗俗的模樣。母親帶著安妹回興化，看到外祖和舅氏們的家業興旺情形，異常高興。她回家向父親陳述這些情形時，並告訴父親，我大哥也特從泰州到興化參加五舅的婚禮，她語帶興奮的說，大哥在外祖家一直叫母親為「媽媽」，可母親說，大哥叫得不自然。她是多麼的高興啊！我們回想起來，又是多麼的遲鈍和笨拙啊！我們本應該從那時起，和二妹一樣稱呼她為媽媽，這是天經地義的事，可是我們心目中叫的「姨」就是「媽媽」，一時竟改不了口，敬愛的母親，我們真是太對不起您了。

民國三十三年（一九四四）春，父親命大哥返家，因五姑母的介紹，大哥和孟慶瑜女士結識，家中為他們舉行了文定，本擬在是年秋為他們舉行婚禮，母親也為此高興一陣子，不料父親在夏初因抑鬱致病，又為庸醫所誤而不起，母親遭受的打擊，實在非常巨大，但她不能只有哭泣，她還要撐起家中很多事情，而大哥的婚事也因要守孝三年而延宕了，母親作婆婆的喜悅也被延誤了。

抗戰勝利後，我因郵城緯業錢莊歇業返家，當時家鄉已由新四軍控管，一天，三里港的佃户要求母親下鄉，經過一整天未回，我焦急地站在後河大橋邊徘徊走動，天已昏黑，聽到母親叫我「孩子」，我見到母親疲憊的倦容，就牽著她的手回家，她什麼也沒有説，只關心我們吃過晚飯沒有？據説，他們原想鬥爭她，第一個上台的孫三媽，年輕寡居以為她會向吾母大吐苦水控訴吾母，不料她第一句話是「楊四奶奶是一個好人，她對我們很好！」這台戲就唱不下去了。事實上，母親對佃户們向來很好，他們來我家，母親一定請他們喝茶吃點心，要我們買插酥燒餅給他們。父親下葬後，墳塋的地基情商佃户們幫忙，都是由他們自願的，母親也為他們的出力做了很多好菜慰勞。況且我們家從來沒有剝削過他們，有鬥爭的必要嗎？我們家的田地，原為借貸抵押別人多年，贖回來後，此時的田租要看他們的施捨，家中的經濟十分艱難。有一次我的生日，母親是用勞力勒了一雙鞋底換取來的工資，要我去餛飩店買一碗餛飩回來吃。二〇〇〇年我生日那天，在台北國民黨中央黨部前和一群熱情群眾要那個「吃裡扒外」的傢伙下台，中午走到附近的桃源街叫了一碗餛飩，我一面吃著，竟想起當年這件事，一時哽咽在喉，流下淚水，為了免除尷尬，我裝著因胡椒粉太多而吃不下，付帳而去。

民國三十六年（一九四七），大哥和孟姐結婚，母親自很欣慰。家中也賣了一部分田地，由二哥在郵城開了一爿食品商店，生意非常的好，但生意越好，賠本越多，結果因通貨膨脹而虧損歇業（事見第參章艱難歲月），母親心裡更為難過，她帶著兩位妹妹回到臨澤故居，此時她的身體狀況越來越差，她仍強打起精神說沒有病痛，其實她已罹患了肺癆，家鄉又缺醫少藥，致病情一天天惡化。

三十七年（一九四八）我在縣訓所受訓結業的次日，我們地政組同學本擬餐敘，可能是心電感應吧，我急於要返鄉看望吾母，我到家時，母親已言語艱難，她吃力的敲著身旁的碗盤叫我，我叫了一聲「媽媽」，看到她消瘦的樣子一時難過的想哭，但我強忍悲痛告訴母親，我就要到縣政府做事了，母親臉龐上有了一絲笑容，她吃力的在我身旁勉勵我説：「你要爭氣啊」！「要上進啊」！我和母親只相聚了一晚，次日晨（農曆四月廿四日），母親就呈彌留狀態，那時二哥尚在界首，他趕回母親身邊，她才閉上眼睛離開我們，得年僅四十七歲。我看見母親眼角上流出的淚珠，她一定捨不得離棄我們，我真是心如刀割，這是我一生中最大悲痛！

我敬愛的母親一生勤勞，一世辛苦，但我不認為這是她的宿命，她是戰亂時代的犧牲者，她所背負的苦難，顯現出她在那個時代呈現出的堅強、勇敢、刻苦和勤勞的偉大女性形象。

## 四、永懷先長兄

大哥鳳翔字筱石，民國十一年（一九二二）生，他是祖父母企盼已久的長孫，自然得到祖父的鍾愛。他在進入小學前，父親送他到鎮上碩學懋德的顏公志鴻先生處啓蒙受教，和他同窗的有王宇清先生等，大哥是當時最年幼的學生。他上臨澤小學時，祖父在放學前，就會倚窗等待，俟放學後他們祖孫攜手返家。家中因祖父年長，每餐都要為他特別做些好菜，大哥是唯一獲得與祖父同席共餐的人。他們祖孫情深，大哥在成長後，提及祖父就會默默思念。

大哥自臨小畢業後，因父親當時供職津浦路局，所以就到南京中學就讀，南中是當年中國童子軍建團最早的中學之一，編制為中國童軍第十二團，曾參加國府定都南京後第一屆全國童軍大露營，大哥暑假返家，穿著全副童軍裝備，使鎮上的鄉親們羨慕不已。南中為江蘇省立學校，後遷鎮江，改稱鎮江中學。抗戰爆發，鎮中校舍遭日寇飛機炸毀。父親命大哥前往上海，在租界內讀完高中。

在上海讀書時期，曾在臨澤任區長的何霖春氏的夫人和女兒也居住在上海租界內，大哥常至其住處盤桓，與何小姐意氣相投，何小姐高中畢業後赴內地報考大學，曾希望大哥與其同行，由於家中經濟艱難，學費、旅費籌措不易，大哥亦不願讓家人為此大費周章，因此乃於民三十年（一九四一）返鄉。在路經鎮江時，特至鎮中舊址憑弔行禮，其對母校之愛，竟如此之深。

大哥返回臨澤後，家鄉仍在敵偽統治之下，父親一度命大哥協助他教書，但此事終非長久之計，不久就赴泰州，在何霖春先生處謀得一文牘職，暫作枝棲。三十三年（一九四四）父親命大哥返鄉，由五姑母之介紹，與孟慶瑜女士相識，繼而由父親主持文定，本擬在是年秋季舉行婚禮，不料父親在夏間因病不起，大哥在家為父親料理喪事，頗為盡心。因父孝在身，不能和孟女士完婚，大哥乃赴滬在新聞界工作，抗戰勝利後，承同鄉先進馮憲成先生之介，入善後救濟總署所屬救濟機構任職。此時復旦大學亦在滬復校，大哥報考經濟系幸獲錄取，但學費一時不易籌措，乃未註冊，為此事大哥終生引以為憾。

善後救濟總署的下屬機構位於楊樹浦區，我初到上海時曾住在那裡，後來大哥安排我住進閘北區公所宿舍內。不久二哥也來上海，大哥當時雖是一位小職員，但仍負擔我們兩人的食宿零用，實在難為了他。此外大哥每週都會帶我們去郵政總局的餐廳吃飯，那裡的客飯菜餚非常精美，有時也會到冠生園吃西餐。那時京劇名伶童芷苓在上海皇后戲院上演「劈、紡」，轟動滬上，大哥也曾帶我們前往觀賞，他的意思是盡量讓我們見識些大都市的文化面貌。

民三十五年（一九四六）我考取鎮江中學進修班，大哥為我高興，也為我準備了行李和日常用品，並給零用金讓我去鎮江念書，思念及此，讓我感念不已！

大哥天性友愛，他除了對我們兄弟友好，對同鄉師友和親戚也非常熱情。抗戰前，他在外地求學，假期返鄉，一定會去同學好友處，如車彤聲先生，天生殘障，他們曾在小學同班，大哥總會去看望他，母親也常為大哥的同學來家聚晤備辦飯菜。與化五舅結婚，大哥特從泰州前往參加，讓母親十分高興。我在上海時，他曾帶我去見堂哥鳳池，也去見過大表姊丈的二弟龔二先生等，他是一位很重情誼的性情中人。

大哥對工作亦極具熱忱，他在上海救濟機構工作時，適四行孤軍由海外返國，所謂「四行孤軍」就是抗戰初期死守上海四行倉庫的國軍弟兄，也是歌曲和電影裡所歌頌的八百壯士。他們後來退入租界，上海全面淪陷後，儘管這些國軍弟兄已非武裝軍人，但日寇仍把他們當作俘虜，驅使至南洋為日軍做苦工。抗戰勝利後，為數不多的倖存者，被接返上海，當時大哥服務的救濟單位卻負起協助安置的工作。大哥發揮了他的工作熱忱，極力為孤軍爭取救濟物資，為他們每人準備了被服和日常生活用品，並發給麵粉、罐頭等生活所需，為此他夜以繼日，費盡心力。

大哥在政治上沒有參加任何黨派，戰後他反對內戰。他認為中國雖躋身世界五強之列，但實質上並不是強國，他主張通過各方合作儘速恢復經濟秩序，然後發展教育，加強建設，以厚植國力。這篇文章曾為「申時社」主稿，由滬上一家雜誌登載，惜人微言輕，不受重視。大哥曾把雜誌文章郵寄鎮江給我，惜今已散失。

民三十六年（一九四七），大哥返回郵城，在母親的主婚下，和孟姐結婚，他們婚後在郵城賃屋居住，生活十分美滿。那時二哥創辦的食品商店開張後，生意非常興旺，大嫂每天都會做些可口的飯菜送到店裡。母親這時也住在熙和巷的姊家，不時到店裡看望。這樣的好景竟很短暫，商店在年底終因通膨虧損以至歇業，母親失望地回到臨澤，我輟學進入縣訓所受訓，大哥嫂都曾來所看望過我。母親病重後，他們返鄉照顧母親，民三十七年（一九四八）四月母親病逝，安葬母親後，哥嫂和姊帶著二位妹妹回到郵城。不久大哥經醫檢查，發現心臟僧帽瓣有問題，當時郵城醫療設備不足，大哥也以為自己小心調養即可，是年底，蘇北局勢緊張，縣府要準備南遷，我們要隨縣府行動，大哥受此刺激，病情突告惡化，不幸於民三十八年（一九四九）初遽而逝世，得年僅廿七歲，實在令我們悲傷心酸！

大哥過世後，匆匆地把他暫厝在城外，我和二哥、序廷兄隨縣府撤至江南，然後又至台灣。兩岸通航後，我和二哥得與姊及二位妹妹重逢，知道姊和大嫂曾把大哥歸葬於父母之側，心中稍安。但現在父母和大哥的墓已不存，我們只好立碑以誌紀念。大哥沒有留子下子嗣，孟姐也已改嫁，我們還鄉後，二哥曾往孟姊處看望，對於她的決定，我和二哥都認為應予諒解。

大哥自幼就是一位很有才氣的人，國學基礎深厚，學識涉獵廣博，我早年在家時受到他的啓迪，他教過我英語、史地，也曾以胡適先生的話「為學當如金字塔，既要博大又要高」勉勵我。他的另一優點，就是愛整潔，他的書桌書櫃永遠整理得整整齊齊，排列有序，讀過的書，完整如新，使我們深為佩服。大哥英年早逝，是我們家的不幸。他遭逢那個戰亂的年代，加上我們家當時的經濟情況非常困窘，這些讓大哥的才華受到限制，無從發展。他的心臟疾病，在今天是絕對可以醫治得好，但當時醫藥欠缺，竟不能挽救他的生命，實在令我們痛惜。敬愛的大哥，我們永遠懷念您！

## 五、海峽兩岸的親人

一九四九年的那場大變動，一道台灣海峽，把我們兄弟姊妹分隔在兩地。回憶起離開鄄城的那個場景，我想到就會心酸，真是不堪回首啊！在信息斷絕的年代，我們不知道在故鄉的姊和妹是否平安無恙，同樣地姊和妹妹們也在掛心我們兄弟是否還健在人間？一九七九年大陸傳來改革開放的訊息，我和二哥、序廷兄、共同計議，我們可以利用有關部門設在香港代轉親人通信的信箱，由二哥第一次寫信回家。那時為了怕給姊妹們引來麻煩，那封信是寫給鳳文堂哥的。經過一段時間，真的得到姊的回信並附來姊妹三人的相片，我們是多麼的高興啊！感謝上蒼的垂祐，感謝祖宗的福蔭，我們總算把那像飄萍似的家人，再度連結上了。

一九八八年八月，我和二哥安排（序廷兄已於上年病故），請姊、雲妹和春甥至香港相見，當時安妹因病在滬未克來港。我們請在港友人預先訂房，住於九龍商業區的新樂酒店，姊和雲妹一行先一天來港，我和二哥於十八日的清晨在台搭機於將近中午抵達酒店。近四十年的睽隔，一朝相見，尤其是見到雲妹和春甥，真有「（四）十年離亂後，長大一相逢」的感傷。當時百感交集，一時不知從何說起。經過一下午至深夜的敘談，大家瞭解到各自的別後情況。一九九一年，我們再度邀請姊和安、雲妹、春甥來到台灣，經過這兩次的聚晤，我們感佩姊是如何的辛苦，付出多少代價，讓二位妹妹和春甥都上了師範學校，使他們都當上教師，這是值得慶幸的事啊！姊來台之行，曾賦鵲踏枝詞一首，情意真切。

## 鵲踏枝

一九九一年七月六日，我姊妹三人赴台，得見闊別四十餘年的兄弟，感而誌之，吟成一詞。

誰道親情拋棄久，四十年來，思念總依舊。江天遼闊雁過後，萬里不辭寶島走。

相見無語淚水流，感懷祖佑，且舉樽中酒，林立高樓霓虹後，天心滿月光華秀。

一九九五年，我自公職退休後，即偕妻麗惠、女兒曾媛和二哥、二嫂一同返鄉探親，當我踏進一別四十八年的家門，看到房屋經整修一新，明亮整潔，內心充滿欣喜和感動。這裡是我出生之處，故土情深，自不待言。此次返鄉之行，我們先到南京，再回臨澤，然而到興化及上海等地，和姊、安妹、正明妹丈、雲妹、周群妹丈三家家人都一一相見。我看到每個人奮發向上的神情，孩子們活潑又努力求知的模樣，我想這正是社會向上提昇的現象。以後的十多年，我有多次返鄉之行，看到每一家家人生活日益美好，衷心至感愉快。

吾姊鳳華，崔堡師範肄業，留家鄉任教職，她所受的苦難最多，又曾歷經多次批鬥的煎熬，這些使她越益堅強，現在子孫滿堂，桑榆晚景大慰平生，不幸於二〇一三年四月病逝，其所存詩作輯成「夕照吟」詩集出版。長子春甥，名楊曄，因其父為中國國民黨員隨軍來台，故改從母姓，現已自高郵市立一中校長退休，甥媳美鴻也自小學教職退休，一門致力教育，也算是教師世家。春甥的長子楊磊，上海同濟大學畢業，從事建築業，媳董玲從事設計，極具才華，他們現住揚州，二〇一〇年我偕妻和姨妹赴揚州旅遊，董玲為我們安排很好的行程，住進她精心設計的雅緻住宅，至感高興，晚間聆聽他們的男孩，也就是姊的曾孫楊銘的小提琴演奏，他拉弓的姿態，琴音的宏亮，很有演奏家的才華，但他們不讓他走這條路，也許這也是另一種思考吧。春甥次子陳廷森，恢復他的祖姓，在新華書店工作，次媳朱霞秀外慧中，他們的男孩陳煜，我見到他時年紀還小，但他在學校和他的老師共同主持全校活動，氣度從容，言詞清晰有力，頗有大將之風。姊的孫女梅子因罹車禍亡故，殊為可惜。

二妹鳳安和妹丈侯正明君，已同自教職退休。他們的長女建蓉服務銀行業，建蓉廚藝極佳，我第一次返鄉經與化時，品嘗到她料理的美食，至今仍在回味。其夫趙君為數學教師，一女現留學澳洲。長子建樹夫婦，同在中國工商銀行服務，樹甥於二〇一一年曾來台參加金融研究院研習，其同事一致稱讚其傑出幹才，我為安妹欣喜，樹甥的男孩現在大學攻讀。次子建宇甥，東南大學畢業，現為省交通部門主管，青年有為，允屬行政長才，甥媳丁蕾，美麗大方，服務航空業，他們的女兒亞淇，聰明活潑現就讀中學。

三妹鳳雲、妹丈周群君亦都從教職退休，現居廈門。長子周雨甥北京大學畢業，已婚現居廈門。次子雪飛甥，上海復旦大學畢業，現為SONY公司中國區高級經理，已婚，現住上海。

一九四九年我和二哥鳳來、姊丈序廷兄倉皇離家，隨高郵縣政府南遷，到鎮江後我們一同報考省訓團警員班，然後輾轉來到了台灣，我們一起被甄編到入伍生總隊當兵，然後經各自努力，各求發展。從此，我們也就成為海峽這一邊的「台胞」了。

序廷兄於一九四九年底經同鄉時業勤兄之介，最早離開部隊調第四軍官訓練班班本部服務，後調砲兵學校任行政官，於一九六九年以「假退役」報奉退伍。最初在台北一民營公司任職，未幾以文職應聘至國防部聯一單位服務，一九七五年左右因病辭職，居國防部職員單身宿舍休養。其間因身體虛弱，經常進出榮民醫院療養。一九七九年我們經香港和姊通訊後，序廷兄得知家人狀況，當時很為高興，在孫女梅子進入化纖公司工作後，他還曾匯錢為她購置自行車。一九八七年就在台灣即將開放探親前夕，序廷兄竟於員山榮民醫院過世，消息傳來，使我十分悲痛，他竟不及見到他的兒孫，這是他的憾事！序廷兄為人重感情，對朋友、同事、同鄉傾心相待，人緣甚佳。我回想我們之間的情誼，親如骨肉，一九四六年我去揚州，他陪同我遊瘦西湖，我們在平山堂遙望江南景色，我將在彼處讀書，他為我欣喜的神色，恍如昨日，不勝感念。他的喪禮，我和二哥盡心為他辦理，邀請了他的同鄉、同事好友，送他最後一程。然後把他的靈骨安奉在一座寺廟內，清明和他的生辰都去祭拜。他生前喜集郵，為中國集郵協會理事，其所集郵品經春甥同意轉讓集郵同好，所得價款，匯送春甥。二〇〇三年春甥專程來台接奉他的靈骨回郵，我和二哥護送他回到故土，葬在郵城公墓，也算是葉落歸根了。

二哥鳳來，一九五〇年初經入伍生總隊部甄試，調總隊部任軍需佐理，後編入裝甲兵第一師任補給排長，再調任陸軍四總醫院、二總醫院任經理官、陸供部軍醫署出納管理官等，以少校退伍。經參加公務人員特考財政金融人員及格，任職財政部台北支付處，該處為初創單位，二哥參與了支付制度的規劃，並在省立中興大學法商學院攻讀，從專員、稽核、科長洊升至簡任副處長，一九九五年退休。他因在後勤單位工作，一九五九年和嘉義吳淑梅女士結婚，有二子一女，長子頤侄，逢甲大學經濟系畢業，目前為台灣銀行高襄，姪媳秀韻，現職國泰航空督導。他們有一女，現就讀中山女高，她也有音樂天分，是學校樂隊豎笛手。次子灝侄、姪媳明珠，均自專科（現均升格為大學）畢業，灝姪服務航空貨運業，明珠姪媳在民營公司任職，他們有一子，現在國立海洋大學就讀。芸姪，銘傳商專畢，曾服務行政院青輔會、中興紡織公司等機構。現個人創業，其子高職畢業考入中華科技大學就讀。

二哥為虔誠基督徒，但和鄰居間曾因房屋糾紛引起訴訟。這件事的經過我曾全程參與，他的房屋原本與隔鄰並不相連，該鄰人為後遷入者，於遷居之初竟擅自將樑木架設於二哥房屋山牆之上，我本主張立即令其拆除，二哥為睦鄰友好，允與搭架，但補立一紙文書，說明係借用山牆。數年後，二哥擬加蓋閣樓，需就山牆加蓋，該鄰人竟惡人先告狀，除檢舉二哥違章加蓋並控告其「毀損罪」，案屬刑事，使二哥十分痛心。我看到二哥向軍法處呈繳的當初該鄰人的立約文書竟被塗改，就立主與其周旋到底。我除向軍法處昔日部隊長官劉處長說明情況外，並約該鄰人外出談判，經我同學好友羅心安兄全力協助，我除指責該鄰人擅自塗改文書的罪行外，並向其警告將向有關機關檢舉其不法。心安兄一面幫我講話，一面勸其撤告，雙方息事寧人，該惡鄰終於軟化願意撤告，案經不起訴處分。這件事本是一件題外話，但使我想起我們家從前的錢莊被惡夥詐騙而挨告的事，與此如出一轍。我認為凡是我有理的就必須理直氣壯，絕不可怕官司纏身而退卻，這就是一件活生生的教訓。

我與二哥從小在一起長大，可謂患難與共，來台後我們相互激勵、互相扶持，各自在這裡成家立業，生根成長，這是我們小時候不曾想到的事。兩岸通航後，我也曾陪同他返鄉六次，但我們的年事日高，「悲舊鄉之壅隔兮，涕橫墜而弗禁」，王粲登樓賦的感傷，也正是我們共同感受的傷痛。

## 六、妻女與我

我結婚較晚，生女也晚，因此至今仍未享含飴弄孫之樂，在兄姊妹之間，他們都已兒孫滿堂，我常自我調侃我是有女萬事足，事實如此，我與妻女所組成的家庭，也自有其純愛的天倫樂趣。

我妻湯麗惠女士，出生於台灣南部屏東的農村，他們家兄弟姊妹眾多，她位居第四，我與她相識，應當感謝她的堂姊夫王政先生和范欽忠先生的介紹。我岳父湯英吉先生是一位具有經營與管理長才的人士，他主持農會工作二十餘年，直至退休，任內多方拓展業務，使事業蒸蒸日上，走過南州鄉的街頭，就看到宏偉的農會大廈，其對農會的建樹，令人讚佩。他又是一位有遠見而又毫無狹隘地域觀念的人，早在民國三十八年（一九四九）國軍撤退來台之初，當時很多軍眷們四散棲居在廟宇殿堂內或破舊的倉庫中時，他竟在家庭眾多人口中，騰出一間房屋給一位軍醫的眷屬居住，這位軍醫的後人，直到現在仍視他們家如親人。我岳母則是一位慈祥的賢母，她雖是農村婦女，但自有其見識，對我也極為愛護，所以我妻雖生長在鄉村，她在父母親的教導下，自有其克己寬厚的美德，但也有其固執與保守的個性。

我妻於高中畢業後即考入公營的台灣土地銀行服務，從基層的屏東分行助理員歷練，經辦事員到總行的領組、初專、再調至信義分行任襄理而至高級專員，其間曾多次在金融研訓機構研修，其工作績效甚受行裡高層的嘉許與同仁們的讚賞，她的工作能力是值得肯定的。

使我感受最深的是她對我的鼓勵多於責難，我以前在軍中服務二十多年，因無眷故無資格分配到住宅，在結婚後尚屬「無殼蝸牛」一族。任公務員後，以年資和考績的配房積分在人事局中排列在最前位，可以有配售房屋的權利和優先機會，但竟被一位自外單位調來擔任住宅配售業務的主管，把應分配本局的住宅讓與他單位，並莫名其妙的說「我們不與別人爭搶」？而我即將退休之際，配售住宅權利等於被他剝奪，一時氣憤難消，本擬與其理論到底，我妻力勸我不必為此事爭執，她認為我們自己克儉一點，可以自己選購滿意的住宅。我想起有些朋友遇到如此情況而被妻子指責的話語時，對照之下深為感動。

我們以自力並以貸款購買了自己的住宅，後來並在大陸蘇州有了落腳之處。有人說「家有賢妻，幸福一生」，這是實情。

談到我自己，如我不抽菸、不酗酒、不冶遊、不打牌賭博，可以說無不良嗜好，又分擔做些家事，自屬「新好男人」一類，當然使她心服。我們結婚三十多年，雖沒有什麼鶼鰈之愛的浪漫之情，但有的是心心相印的真情。我們彼此不隱瞞什麼私密，不管有什麼樣的煩難和痛苦，大家互相傾訴，相互協助解決。有次，我因坐骨神經痛，行走艱難，吾妻竟用自行車讓我坐在車上，由她扶車而行，往返附近的中醫診所診治，此舉竟讓診所醫護大加讚賞。這可以說是疾病相扶持的最佳實踐，這也是維繫我們家和睦的重要因素。

有一點，我必須指出，作為家庭中的一個男主角，他就應當負起維持家庭安定的責任。我自從人事行政局退休後的日子，我妻仍在銀行上班，銀行雖然營業時間結束較行政機關提前，但其後續作業往往要做到晚間七、八點鐘，甚至到九時才能下班，那時我女尚在國小就讀，晚餐就義不容辭由我主廚，我整整下廚近十年時間，也練就了一些煎、炒、燉、煮的功夫，倘若我自認為退休後就需享受清福，獨自逍遙自在，家庭生活就不會美滿。正因為我有這樣的認知，所以我們家的晚餐時間其樂融融。而我妻在假日則主動的操持全盤家事，我仍然可以外出聽喜愛的音樂會或觀賞戲劇之類，不亦宜乎？

我女曾媛，是我在耳順之年後始告出生，她自幼聰慧，但甚有個性。她在國小所寫的作文即有可讀性，我曾攜其文至吾師管公處，管師當面讚其聰穎，她竟不願受人讚美，她認為自己沒有被讚美的那樣好，這會造成她的壓力。她參加全民英檢，在英語聽寫等三項都取得高分，而敗在文法一項，事前我們勸她參加補習或看參考書竟為其拒絕，她認為應憑其真實力應考，才是真功夫。她的想法和作法並沒有錯，也可以說是她的優點，但過於執著，往往會失去機遇，我希望她對事更能融通些。

我女對父母長上甚為孝敬，對弱者富有高度同情心，這正是父親時常教導我們應遵循的事，她能有此天性，我甚以為慰。

我們父女之間，既親亦嚴、亦師亦友。她在大學攻讀公共行政，研究所則主修大眾傳播，故其對事自有其見解，非唯唯諾諾之流，這點我頗予肯定。我希望她在堅持自己的主張時亦能兼顧他人意見，擇其善者而從之，則善莫大焉！

作為一個人父，總希望子女幸福，生活美滿。我當然也不例外，但願早日向平願了，能享含飴弄孫之樂，與願足矣。

# 參、艱難歲月

## ——我的求學歷程

### 一、啓蒙

在我就讀小學之前，曾經在一間女塾受啓蒙教育，這間女塾就位於我家西廂。大約在民國廿四（一九三五）年左右，我五歲時，我家西廂租賃給一位高二太太，她出身書香世家，那時差不多已有六十多歲了，我還記得她那副不苟言笑的樣子，她曾飽讀經書，善畫人物畫，還精於裝飾之類的手工。在塾就讀的女生都是鎮上紳士或殷實人家的女子，如陸翠娥大姊、沈詠成大姊等，她們都長我大約八至十歲，對我都十分愛護。高二太太初次教我讀「三字經」，有一天鎮上安樂寺的僧人到我家作佛事，其中一位香擔道工名叫「照子」，問我說念書了沒？我回說：「念三字經了」，他隨口說：「是不是人之初，剝慈菇」？我竟記下了這句話，二太太教我「人之初」，我就接唸「剝慈菇」，屢經糾正後仍不會改，惹得二太太大為生氣。以後在大姊姊們的輔導和幫助之下，才順利地會唸「人之初，性本善」的句子。這是我最早能記憶的事，當時的憨直之態，至今仍覺可笑。不久，我就去臨小就讀了。

## 二、小學．抗戰烽火

臨小全稱「高郵縣立臨澤小學」，當時位於安樂寺的西側，校門面臨追壩巷。它創建於民國前一年（清宣統三年一九一〇）。這所學校和我家頗有淵源，因為學校在創建之初，稱為「麗澤小學」，僅有初級部，後來父親任縣學務委員時，呈請增設高級部，將學校升格為「高郵縣第二高級小學」，簡稱「二高」。父親並為臨小撰寫了校歌與「勤實」二字校訓，一直沿用至今。我於民國廿五年（一九三六）進校時，校長是葉鳳梧先生，我讀小二時，爆發抗日戰爭，那時校中增加很多從江南避難到臨澤的學生，全校學生頓時增加了許多。有一天，校中來了一位中央軍的軍長，他身穿灰布長衫、黑布鞋，在校長陪同下，在校務室前台階上對全體同學講話，大意說，現在日本鬼子侵略我國，我們一定要抗戰到底，現在是國難時期了，你們要把握時間，用功讀書，將來為國家出力。他的講話對我們很有啓發性，我們才知道我們正面臨國難。

有一次，學校舉辦圖畫比賽，記得我當時畫了一架飛機，標題寫了「航空救國」四字，我之所以寫這四字，是因在街頭看到賣氫氣球的攤販，他的氣球上有這些字樣，我想到抗戰需要飛機，所以就在畫上如此的寫著。可能也是我的愛國意識吧，評審結果，我竟得到中低年級組的冠軍，在晨會上，我從校長手中接過獎品，心中自很高興，這也使我對繪畫有了興趣。

我升三年級時，級任導師為張世度先生，他是金陵大學畢業來校執教。當時局勢日益緊張，鎮上時常發布空襲警報。一天張先生於課後在黑板上寫了「最後一課」四字，並對同學們說道：「日本鬼子快要打過來了，學校要遷到鄉下去，你們低年級同學以後就在家學習吧，今天是最後一課」。張先生講話的聲音很低沉，但同學們那時還很年幼，只覺得在家學習也不錯，不過我總覺得有點說不出的落寞，就這樣我就離開母校臨小了。

民國廿八年（一九三九），戰爭烽火燃燒到了我們家鄉，日寇的軍機竟然轟炸臨澤了，它投彈的目標顯然為交通要道和駐軍地如後河大橋、都土地廟、衙門口、崇寧觀、太平橋等地，除太平橋被命中炸斷，其他落彈點均偏在附近，致民房多處被毀，居民被炸死十多人，我們家草屋後方人家也被炸毀。對日寇的瘋狂暴行，鎮民只好紛紛逃難到鄉間居住。父親與二哥隨區公所遷至南河，我隨母親及幼小的安妹到三里港佃户家避難。在鄉居的日子我們住在土牆茅草屋的房子，空氣中有種牛糞味夾著草香。我發現我們佃户家的日常生活並不比我們差，那時我們家除了父親週末回家的日子，母親特別為父親準備他喜愛的紅燒鯿魚外，我們平常只有一個菜，那時佃户家有一位老奶奶辦「交冬做九」會，每九天在一家念經吃素齋，他們的素席竟引起我的羨慕。我也曾和我年紀相仿的一位村童，比照他製了一雙「毛窩子」（用稻草和碎布編織的草鞋），和他一早外出撿狗糞，我在路上和他說抗戰和國難的事，他竟一無所知，也不關心，以後就很少和他去了。那時過年，三里港有一座神廟舉行跳神，男女老少穿著新衣熱鬧過年迎神，沒有戰時緊張的樣子。就我當年膚淺的觀察，抗戰期間我國經濟受到了巨大的創傷，物資匱乏，民間日用品如煤油、火柴都供應不足，但農村就不同了，他們的食衣住行除了布料欠缺外，其他幾乎都能自給自足，所以就沒有戰時的緊張現象，也為我國抗戰在敵後留下空間。次年春天，父親辭去區政諮詢職務，全家搬遷至南河的西溝，我們坐船行在一條條河渠間，就像開車在路間左轉右彎，這才發現臨澤河渠縱橫的便利。

在西溝居住時，覺得警報已較稀少，我隨父母親安妹又回到臨澤家中居住。回家時，因久未居住，目睹蓬蒿滿徑，蛛網滿牆，一片荒涼景象，心中淒然，經父母親整頓後，我們在家居住，心裡覺得很踏實。但聽到警報聲，就得趕緊逃離。當時流行一則順口溜：「預備警報，時間未到，緊急警報，萬貫家財都不要，解除警報，吃喝玩笑」，這正說明當時戰時社會現象。那時鎮上最繁華的地方就是鎮上週邊的餐館酒樓，晚間沒有警報，華燈照耀，餐館中人來人往一片生機，警報聲起，人們衣衫不整奪門而逃，大家就見怪不怪了。

我很敬佩當時的駐防中央軍，他們為了抗日，日夜操練，但武器裝備較以後我所見日寇的武裝，相差太多，「落後就要挨打」！這話一點都不錯。有一天傍晚，一位駐軍班長來我家告訴家人，「今晚你們要保持警覺，日本鬼子可能要打過來」，次日清早我們就急忙回到西溝，半途中已聽到槍砲聲不絕，日寇正攻打臨澤，民國廿九年（一九四〇）十一月十四日的下午，臨澤終於淪陷了！

## 三、在父親塾館侍讀

日軍占領臨澤後，經過一陣混亂不安的日子，臨小在汪偽政權的旗幟下開學了，但大多數家長都不願送孩子進校，因此，私塾就應運而生，父親也在這種環境下辦起塾館。辦館的目的，除為幫助失學青少年的學業外，也有避世的用心。記得當時偽縣長王宜仲先生巡視臨澤時，曾到過我家拜訪，並有意邀請父親出山襄助，經父親婉拒，父親以蓄鬚課徒以示不出。此外，學生的束脩也解決了家中經濟上的困窘。

父親開館後，很多親朋好友和鎮上殷實人家的子弟，都爭相來此就讀，考慮到教學場所和體力負荷，大約僅招收廿餘位學生。父親教學的方式，是依據各生程度，分別授以幼學、四書、古文觀止、左傳、詩經、資治通鑑等經典古籍（這是當時環境所限）。他講授的方法，不僅是句讀的解讀，更重視義理的詮釋和辨識。例如，他講授古文「魯仲連義不帝秦」一文，就把魯仲連這個人的背景和當時戰國時代的情勢做了分析，從而申論魯連不贊成帝秦的原因。選讀這篇文章也有深層的意義，使我印象非常深刻。父親也親課學生的書法練習，他要求臨池者必須端正其心，正確握筆，一筆不苟地書寫，他認為習字是陶冶心性的最佳方法。我在侍奉父親並協助教學所需事項之餘，隨堂受教，因此在國學方面稍稍打下一點基礎。

父親在民國三十三（一九四四）年五月病逝，塾館也同時解散。始終在塾就讀的同窗有趙爕揚兄（後從事教育，其令弟人揚為射電天文學家）、戴有文兄（曾任縣教育局長）、薛兆鷴兄（後從事教育，其令弟善言及兆庚將軍均在台）孟慶滋兄、高安義、增壽叔姪等。在塾館中還有兩位身分特殊的同學，一位是李秀英小姐，他是駐軍旅長李嘯天的養女，在民國三十一年初來塾請求就讀。她長得清秀脫俗，雖是偽軍高官子女，但為人謙和有禮，來我家前，一定屏除隨從隻身前來，這樣就引來好幾位女同學前來就讀，如丁迺敏、車坤宜（後更名為車儀，曾任中共北京中央實驗劇團黨委副書記）等，我姊鳳華就成為「小教師」兼陪讀者。為了避免某些困擾，也促使我姊提早結婚，從而停辦了女生部。另一位也是姓李的青年，他們家是鹽城人，當時寓居臨澤，其父為一正直人士，工於詩文，記得他曾贈父親一首七言律詩，首句為「江上蘆花塞上鴻⋯⋯」，父親欣賞之餘，評為有杜工部之風。李君秉性篤實，文字寫作甚佳，深得父親稱許。他們家在民三十三年春初遷離臨澤，臨行前來我家辭行，父親攜我到其寓所送行，李君送我一本「青年勵志與修養」作為記念，我已記不得作者為誰，當時隨手翻了數頁，我記下了其中英國海軍大將納爾遜年少時不畏風雨，堅持上學的故事，這則故事，日後在我畏難卻步時，常成為促使我奮起的動力，受益良多。

## 四、華英學校．社會變革

父親逝世塾館解散後，我和同窗趙燮揚兄、戴有文兄進入私立華英學校就讀。華英是駐軍李化南先生和鎮上熱心教育人士在民國三十三年所創設，校址係借用安樂教寺大殿的東廂，修建了幾間教室和辦公室。校長葉鳳梧先生、教務主任韋子高先生，教師有車小宣、韋九經先生等人。同班同學尚有陳仁普、殷作仁、任振蘇、薛兆武（善言）君等，我二妹鳳安則在小學一年級就讀。當時的校歌為韋子高先生所作，深具意義（參見第壹章四節）。

在華英學習期間，白天上學，夜晚有時還充當過更夫。當時鎮上曾出現一些怪異舉措，敵偽當局為了維持治安，訂定了「十家更」巡邏辦法，以保甲為單位，每保十甲，以每甲十户為一組，每户各派一人輪值夜更。我因母親白天家務操勞，又要照顧二位妹妹，當時大哥在滬，二哥在郵城，不忍她夜晚外出巡更，乃自告奮勇參加了這個工作。值更當天，不論陰晴雨雪，要在晚間八時後到甲長家集合，從九時起更，到凌晨四時許始回家休息。巡更時，一群男女老少，隨著前面敲鑼者，默默的走在街巷內巡行一次後回到甲長家休息，一個更次大約需巡行兩次。這種巡邏工作大約進行了半年始告停止，效果如何不得而知。

我在校因父親對臨澤教育的貢獻，得以減免學雜費，因此我自知必須格外用功，方能不負別人的期許，所幸我在校學業成績尚能名列前茅。華英因先天不足，教育設備及器材都有欠缺，終因經費困難竟在年後（民三十四年初）停辦，僅一個學期即一瞬而逝，因此我又失學了。

是年三月間，駐鎮上的日偽軍突然撤走，臨澤在政治上有兩天呈真空狀態。在第二天下午，出現一位身著便服的跛者（很明顯的喬裝者），扶著拐杖在街巷中來回行走。次日，大批的男女民兵擁入街頭，他們在街上列成一支長蛇陣，扭動著身軀跳著「秧歌舞」，歌聲夾雜著喧鬧聲，當時有人說，臨澤「解放」了，使我深有印象。

## 五、錢莊習業．抗戰勝利歇業

民國三十四年（一九四五）春，臨澤在鎮江經商的吳子安先生和友人在高郵城創辦了「緯業錢莊」，他主動向我母親示意，要我到錢莊當練習生。當時錢莊是一個令人羨慕的行業，進入並非易事。經了解，子安先生是父親在南京津浦鐵路局供職時所結識的好友，父親因經常往來鎮江，他們因同鄉相識而成至交。子安先生給我的機會，則是對故人子女的一種善意照顧，因此母親力主我前往學習。

當年三月間，我由五姑母陪同乘幫船（民營的交通船）至界首，再轉乘小火輪至郵城。在途中遇到一件令人氣憤的事，我們的幫船行經王大橋附近，遭到兩名自稱「蘇中區民兵」攔截，他們每人手握手榴彈，盤查船上每一位旅客，走近我的面前看到我穿的一雙皮靴，那是我大哥在鎮江中學時所購的童軍靴，竟指我為「二黃」（即偽和平軍），裝腔作勢要把我帶走，經同船的旅客求情說好話，要我脫下皮靴交給二民兵，才結束這場鬧劇。

我們到界首後換乘小火輪駛向郵城，抵御碼頭後下船，見到運河岸邊帆檣林立，街道上黃包車、三輪車來來往往，城鄉氣象果然不同。我隨五姑母乘坐三輪車進城，當時高郵縣城尚在日軍統治之下，最厭惡的事就是進出城門口要下車向站崗的日軍憲兵行禮。我們住在大表姊夫龔振聲先生家，他請我們在飯館吃飯，到電影院看黃河、周璇主演的「鳳凰于飛」影片，這是我生平第一次看到的有聲劇情電影。次日，由二哥鳳來陪同到緯業錢莊報到。

緯業位於郵城北門外商業鬧區的北市口，在一家綢布莊的三樓，很有氣派。

經理趙先生，協理、會計等主管均為揚中縣李典鎮人，會計張先生西裝筆挺，帶金絲眼鏡，一附洋派，予我印象頗深，他後來對我甚為和善。另有一位王協理，他是縣長的兒子，為人熱情好客，是位「消息靈通」人士。緯業是一家私營商業金融機構，飲食生活頗為優裕，我們練習生每日隨同「划街」（公關）人員到各大字號拜訪拉關係，或則在櫃台數鈔票、細錢、練習打算盤等事項。錢莊人員很重視生活舉止，例如在餐桌上用餐，夾菜時就不可越過菜盤中間取菜，更不可在盤中翻動挑選自己喜愛的菜，這就是規矩。這雖屬生活細節，卻是做人的基本原則，即你不可只顧一己之私而不顧別人感受。此外，我們在晚餐後，由協理召集我們談談一天的工作心得，指點一些金融業務上應注意的事項。

當年八月間的某一天，王協理帶來日本廣島遭到一枚「大炸彈」轟炸的消息，幾天後，他激動地向大家報告日本天皇接受無條件投降的新聞，當他的話聲方落，錢莊內外的人們沸騰起來了，那真是一個極其興奮又激動的時刻，有人為此流淚，有人大笑，有人高聲唱歌⋯。這場景令人難忘。

當人們激情沉靜下來後，錢莊要面臨諸多的問題，最後由董事們決定，錢莊停止營業，人員解散。那年中秋節的晚宴上，同仁們接受了這個決定，大家的心情表現不一，不過國家勝利了，失業又算什麼？正如會計張先生在紀念冊上寫給我的話：「收時起失落的心情，奔向美好的明天」！

## 六、失學記事

因錢莊歇業，我從郵城回到臨澤，這時鎮上已由新四軍控管，我在家只好安分守分自修，唸英文、國文、閱讀中外地理圖集和練習書法等以充實自己。

有一段時間，楊月秋姨丈請我去他的「月秋文具書報社」幫忙，條件是除有人上門購物時需加照應外，可以看店內的新書、小說，這很合我需要。當時做生意買賣要討價還價，可我很不習慣，因此原應照價加碼一至兩成的規矩，我一概以既定價格不二價出售，這樣較為公平。店內的章回小說很多，我很快地閱讀了十多本，像《三國演義》、《隋唐演義》、《水滸傳》、《西遊記》、《薛仁貴征東》、《薛丁山征西》、《北宋楊家將》、《精忠岳傳》以及《七俠五義》等。也有新文藝小說，如魯迅《阿Q正傳》、老舍《劉天賜傳》、郭沫若《甲申三百年祭》等以及文藝刊物如《西風》、《茶話》，作家張愛玲、蘇青的文章也吸引我。這些小說和文章，對日後我學習歷史和作文頗有助益。

有時，我也會應觀音庵住持「和舅」之邀，幫他化緣登記布施功德。

有一天，車載先生（字銘深，父親好友車公紹伯之子）來到我家，他從事教育工作，抗戰時期曾是中共在上海地區的地下工作者，後來轉到蘇北濱海地區工作。此時回到故鄉，即到父親遺像前行禮默念很久，他轉身問我現在做什麼？我告訴他曾在錢莊習業，現在失業在家，他告訴我「年輕人應該出去鍛鍊、鍛鍊」，我告訴他，我想繼續升學，他不置可否即辭別離去。我告訴母親這番話，她表示回答得很好。

車載先生雖為「進步人士」，但在紹伯世伯逝世時，極盡孝思，他自上海返里，真從自家大門匍匐奔喪，並為其父乞請父親主持「鄉謚」，我因父親之命多次送文件至車載先生處，故對其人有所認識。

又一次，我和好友二、三人到同學燮揚兄家打乒乓球，在文德里巷子裡遇見一群工商局的幹部，他們竟指我們叫「二流子」（即小流氓），使我們非常氣憤，於是就和他們大吵一頓，後來有人說不必和他們一般見識，才各自悻悻離去。經過這番衝擊，更增加我要升學的念頭。

此一時期，鎮上掀起清算鬥爭運動，社會籠罩著一片恐怖氣氛。適此時我大哥已在上海救濟總署蘇寧分署所屬一個救濟機構任職，他知道我想繼續升學的意念，就來信要我去滬。我於次年（一九四六）春，和葉秋農、蔚華二君一同搭民船離鄉，經揚州過江至鎮江換乘火車，此時車站上人潮洶湧，我們費力地擠購，只買到敞篷車廂沒有座位的車票，經過八、九個小時走走停停才到上海。在途中停靠時，遇見被遣返的日軍列車，他們也站在敞篷車廂內，我們互相對望，彼此一副狼狽像，我不禁自問我們算是勝利者嗎？

到上海後，大哥安排我們住進蘇州河邊閘北區公所的宿舍內，那時同鄉先進馮憲成先生在上海市政府任職並兼自衛總團閘北區團團長的職務，辦公地點就在區公所內。上海市民眾自衛總團在抗戰之初，曾經浴血抗日，有很大貢獻，因此區團部有其特定的地位。最初，我們由區團部馮贊朝君供應大家伙食，後來人員過多，就各自料理三餐了。為了減輕大哥負擔，鳳池堂哥建議我到市場販售「久大精鹽」，我就試著去販售，頭兩天生意甚好，三天後市場到處是賣精鹽的，這門生意就做不下去了。剛好，月秋姨丈也來到上海，在虹口同濟大學附近擺了一間書報攤，他要我專售報紙，流動或攤售，我就每天清晨到外攤派報處批報紙，有申報、新聞報、大公報、和平、中央、華美日報等，然後沿著北四川路一路叫賣到月秋姨丈書報攤前，繼續銷售，一天大約可售出四十份左右，稍可補助生活所需。在這段賣報的日子，曾遭遇到一些事使我深有所感，那時，我每天走到北四川路橫濱橋附近，有一位樣子斯文的中年婦女，她總會在我經過時買兩份報紙，我猜測她可能認為我不像本地報童那樣的熟練和俐落，而同情地向我買報吧？還有一位大學生，他騎著單車，遇見我也會買一份報紙。但也有人會攔著我要買報，結果他只是翻看了一下新聞，就丟下報揚長而去。這使我認清這個社會，有那樣的好心人，也有些是貪鄙私利者。

此前，我曾報考教育部招收失學青年的「鎮江中學進修班」，這時已經放榜，幸獲錄取，使我欣喜若狂，我終於能夠再回學校了。大哥為我準備了被服行李，我於九月初開學前離滬，前往鎮江報到。

## 七、鎮江中學進修班苦學記

本班位於鎮江近郊的七里甸，和省立鎮江中學同一校園，但我們是公費生，校舍較省中簡陋。班主任為張人驥先生，教務由省中負責，學生食宿則由教育部供給。我插班初三下（進修班設有春、秋季班），班內很注重國文和英文，我們的國文導師陳老師是武漢大學畢業，他很推崇夏丏尊先生，指定我們要讀「文心」和「文章病院」，講課很引人入勝。英文是趙老師，數學則由最美麗的胡琴棣老師擔任，她一口無錫方言，令我似懂非懂，結果可以想見。還有一位教音樂的諸葛瓊玉老師，人很美，但頗有男子氣慨，教唱的歌還是抗戰時期的歌曲，如「黃河謠」、「清漳河」、「昨夜我夢江南」等。進修班同學都是來自江蘇省屬各縣市，大家都刻苦自勵，努力向學。

我在校最得意的事，是全校舉辦的作文比賽，我竟得到第一名，那次的作文題目是「我最敬佩的人」，記得我寫的一篇是「我最敬佩的人——蔣委員長」，這篇文章我是用真摯情感寫的。此時抗戰方勝利未久，我從報章雜誌中瞭解到，我國在北伐統一後，政府即依照「建國大綱」積極建設，雖因九一八事變國人多主張抗日，但蔣委員長堅持百忍，他每日在日記中寫下「雪恥」二字，而以忍來爭取時間，厚植國力，整軍備戰。他曾昭示國人「犧牲未到最後關頭，絕不輕言犧牲」，一旦決心抗戰，則「人無分男女老幼，地無分東西南北，全民抗戰到底」。尤以「西安事變」後，全民團結，更引起日寇的恐惶，因此趁我建軍計畫尚未完成，即向我方不斷挑釁，迫使我軍應戰。我在戰區中目睹我軍裝備窳劣，日軍武器精良，這仗其實並不好打。但儘管敵我戰力懸殊，我軍仍英勇抗敵，奮戰到底。儘管戰爭帶來巨大災難和創傷，但全國軍民團結一致，同仇敵愾，大家擁護蔣委員長領導，因此才能夠艱苦地撐了八年，終於贏得最後勝利，並成為聯合國五大常任理事國之一，也實現了國父遺囑取消了外國對我國的不平等條約。這當然應歸功於蔣委員長堅苦卓絕的領導，這份豐功偉業，應當永垂青史。不管他後來的作為評價如何，我對於當時這篇文章的論點，至今仍然堅持。

民國三十六年（一九四七）間，我在校時，南京、上海一帶大中學校經常發生罷課鬧學潮事件，其發生背景，多半由於政治操弄。我們進修班也發生過兩次學潮，但均非呼應上述事件，而是為了本身的利益。其中之一，是因一位女同學受到隣近榮軍教養院的住院榮軍騷擾。那時，我們校區後門有一條山路可以直接走到鎮江五條街市區，榮軍教養院正是途中必經之處，有些落單的女同學很易為歹徒所趁。為此，幾位高三級的學長為了討回公道走出校門，不料竟引來眾多追隨者約百餘人，聲勢頗為浩大，由於校方教官處置得宜，很快和教養院溝通，該院自知理虧，負責人親自來校道歉，事件很快平息。其二，是我們同學赴鎮江市區一家浴室洗澡遭到拒絕，這起事件關乎大家的切身利益，自然非同小可。由於我們進修班宿舍沒有浴室設備，冬季沐浴要去市區浴室，該浴室一向比照軍人給予我們優惠，發生這件事情後，大家一起走出校門向該浴室抗議，走上街後，為教官趕至攔截，並允予向浴室交涉，該浴室聞知後自動回復優惠，事件始告平息。

由上述事件，可以看出青年學生的易於衝動，但如果及時處理得宜，也可平息事端。我校的兩位教官均參加過抗戰，是戰後復員的校級軍官，予我印象很好。

我最難忘的事，是在一個春光明媚的日子，我帶領同學好友杜古淳（鹽城人）、丁曼爾（淮安人女生）還有幾位同學一起爬學校對面的九華山，我們走過一片金黃色的油菜花田，登上山頭，順著山稜走，不久就看見一片院落，走下去竟是「梁昭明太子讀書台」，這讓我們非常驚喜和興奮。我知道這就是招隱寺了，對面的叢林應該是鶴林寺，但駐軍不讓我們進入參觀，於是就下山順道參觀了馬（相伯）墓，經鎮江南站回到市區。因有人提議要品嘗驢肉麵，我們遂走進一家清真麵館，店家將驢肉切成細絲以麻、醬油泡在碗內，再將麵條放入飄著鍋蓋的沸水鍋內，俟麵條煮熟後，連麵帶水沖泡在碗內，這麵是既香又鮮，是當時鎮江的一道大眾化美食。鎮江另以「鎮江醋」和「京江肴肉」聞名，但當時我們無力問津。鎮江還有很多名勝古蹟，如北固、金焦的甘露寺、金山寺等，當時都不收門票，因此也有我們的遊蹤。

另一件最難忘的事，是那年寒假，我回郵城度過春節後返校，元宵夜從瓜州坐渡輪過江，是時，一輪明月照在大江之上，遙望對面山頭積雪映著月光，回首看到瓜州古渡的點點燈火，那景象真是動人心弦。「潮平兩岸闊」、「月湧大江流」，我不能詩，但卻能體會到詩人對此美景的情懷。

我在班最感難受的是伙食之粗劣而量又少，每六人一桌，大家蹲在地上，只有一盆菜湯，上面漂浮幾片菜葉，糙米飯每餐還要「打衝鋒」，所以吃第一碗要盡快吞下去，第二碗再盡量裝滿，以求一飽，所以同學們都咒罵班主任張人驥是「張人渣」。有次我二哥來班看望我，帶來一罐醬菜，我與同學分享，大家竟視為珍饈。我有時到五條街附近的「平民食堂」吃廉價餐，兩個麩皮饅頭，配一碟韭菜花炒豆乾，一小碗蘿蔔湯，就覺得是人間美味了，只是口袋不豐，也只有偶而為之。另一解饞的辦法，就是在假日到大表姊家，他們當時寓居鎮江，每當我去他們家，大表姊一定會為我做幾樣好菜讓我品嚐。當時年少只知自己口腹之慾，而不知別人艱難，至今思之，仍感愧疚和感念。

在鎮進班學習期間，設備簡陋，生活清苦，可謂苦學苦讀，但生活雖苦，讀書之樂卻使人心怡。不幸辦了三個學期後竟宣告停辦，這真如晴天霹靂，我們這個花費國家經費不多的進修班竟遭到裁撤，令人扼腕。為此同學們請求改分發至南通師範或泰興師範，這個請求均被教育當局拒絕，於是只有束裝返家了。

## 八、高郵縣訓所．世亂家愁的日子

我回到高郵後，住在城內姊家，原擬在縣中完成高中學業，但家中經濟狀況日益艱難，我二哥經營的食品商店又因當時幣值的混亂而虧損以致歇業。提起這爿商店，令人不勝唏噓。當開店之初，由於宣傳方式和行銷策略相當成功，生意好得不得了，但生意越好，虧損越大。我在寒暑假曾為商店到上海進過幾次貨，那時最暢銷的就是泰康奶油餅乾和巧克力夾心餅乾，當餅箱打開奶油香味撲鼻，食時酥脆可口，最受顧客青睞。我每次都得押運八至十大箱（每箱重二十公斤），大概只夠十多天的銷售量，我要從火車運至鎮江再運至江邊碼頭，改搭「中華旅運」或「招商局」的小輪船至高郵。有一次趕中華的早班不及，以致改乘下午的招商輪，船行至邵伯湖後，湖面漂浮著多具浮屍，方知前輪出事翻覆（當時是由小火輪在前牽引拖船行駛，故易出事故），我母和家人聞悉慌張莫名，據說我二妹當天又把一盞油燈砸壞，咸認不祥之兆。當我回家後，全家人都破涕為笑，都感謝上蒼保佑。那年我十七歲，我們這樣的辛苦，這樣的努力，但買回來的東西，雖然有兩分利潤，但不敵通貨膨脹的快速，我們銷售後的錢，再補貨僅能買到一半了。商店焉得不垮！

「天無絕人之路」，民國三十七年（一九四八）初，高郵縣政府訓練所招考民政、田糧和地政人員入班受訓，結業後在縣府任職，因此，乃把握這一良機，以高中同等學歷，報考地政班，幸蒙錄取，於是就決定輟學，接受公務人員訓練。

縣訓所是借用文廟的殿宇房舍做為所址，這座殿堂是當時保管得算是完善的古蹟。走進正門前，兩邊各約五十步處立著「文武百官到此下馬」的石柱，進門後有泮池、明倫堂，正殿裡供奉孔老夫子的牌位，殿宇東西兩廡供奉先賢的牌位，我們全所教職員和學員每天都得敬謹行禮，以示尊崇。

本所以「明倫堂」為大講堂，地政班以「崇聖殿」作教室，兩廡房舍充作學員宿舍。地政班分測量和土地登記兩組，登記組課程有「國父遺教」、「國文」、「地政概論」、「土地法」和「土地登記法規」等。本所所長為縣長兼，教育長為王宇清先生，他並親授「國父遺教」。宇公來台後曾任國立歷史美術博物館館長，輔仁大學教授，是一位中國服裝史專家。他退休後時常和我們聚晤，前幾年他九十大慶時，我和二哥及同鄉薛兆庚將軍等曾設宴為他祝壽，現已作古了。另一位講授「地政概論」的講座，是地政科長陸明倫先生，他來台後曾在省立新莊高中執教，我在飛彈營服務時至新中洽公曾與相遇，倍感親切。我們土地登記組有八位同學，其中有三位女生，後來分發到地籍整理處工作，都成了同事。

我在班受訓期間，我母已經病重，家中為免影響我的課業，未讓我知曉。結訓後次日，同班同學本擬餐敘，不知是否心電感應，我急於返回臨澤，我回到家中時，母親已言語艱難，次晨就與世長辭，我與母親僅相聚了一個晚上，這是我一生中最大悲痛。

母親喪禮結束後，真是禍不單行，我又感染上時疫，在家療養了一段時日。病癒後，收拾起悲愴的心情，就到郵城向縣政府地籍整理處報到。（參見伍、「公僕生涯」第一節）

## 九、復興崗上

我從軍來台後，經過兩年多的部隊士兵生活，在民國四十年（一九五一）的八月間適政工幹部學校招考第一期學生，那時台、澎、金、馬各地共有五千餘人報考，我在鳳山報考了業科班美術組，於同月廿七日廿八日參加考試，放榜後計錄取一〇三七人，我列入榜內。這應歸功於在軍士教導團那段時間努力自修的成果。當年十月底至北投報到，經過口試後就正式成為復興崗上的正期學生了。

復興崗當初是日據時代的競馬場，蔣經國先生在此創辦了政工幹部學校。首任校長是胡偉克將軍，他是一位傑出的空軍將領，教育長沈祖懋先生，訓導處長王昇（化行）先生。當時的師資均為一時之選，我們美術組的主任是劉獅教授，他曾在日本留學，後在上海美專執教，是劉海粟大師的親侄，專攻西畫、雕塑，後來也以國畫畫魚聞名，他教授我們美術史、素描，另有李仲生教授（藝術概論、構圖學）他是台灣前衛藝術的啓蒙者，莫大元教授（透視學、色彩學）後任文大藝術系主任，王紹清教授（美學）後任戲劇系主任，趙春翔教授（水彩、油畫、素描）和梁又銘教授（水墨畫、漫畫）等。

我們入校後在分科教育前，要接受入伍訓練和下部隊當兵。在入伍訓練時，經國先生曾親為我們上了八堂課，我感受最深的是他講到當年和蘇聯頭子史達林為外蒙古問題的交涉情形，史達林簡直就是個惡霸要定了這塊土地。記得他曾語重心長地說過：「世界上的列強，沒有一個是希望中國富強的」！這使我深受震撼。

次年初，我們離校下部隊當兵二個月，我被分發到第六軍二〇七師的一個步兵連，同行的尚有本科班梅青萍學長（後升海軍少將），戲劇組王永泉學長（劇作家）等三人。那時部隊駐紮在林口台地上一個叫「苦苓林」的小村落，我被安排駐在一個廢棄的茶葉廠的班內，從門前極目遠望，大坪頂上一片空曠，夜哨時，獨立在黑暗的曠野，寒風凜冽，但內心卻是豪氣萬千。由於是經國先生要我們來體驗士兵生活，對我來說這是駕輕就熟的事，所以處處表現得很積極，深獲各級幹部的讚許，就連附近民宅的一位本省籍阿婆也十分疼愛我們三人，因她以為我們三個「少年仔」是被抓來當兵的。那年春節除夕，她送給我一份年糕和水煮蛋，這份心意，我至今仍感念在心。春節後，我們又到桃園蘆竹鄉的海防部隊當兵了一個月。

當兵結束後，我們回校接受盛大的歡迎，即著每人寫了一篇「士兵是今日的聖人」的報告，因為他們確如經國先生所說是「一無所有，一無所求」的人，只是我們當時並沒有詢問過每一位士兵弟兄，他們是否真的心甘情願如此的過完一生？

分科教育開始後，我感覺上又恢復學生生活了，雖然因學校尚在「克難建校」階段，我們每日必須要為整理校園做勞動服務，如挖掘水池、水溝、搬運石頭、土方等，以至汗流浹背，但作為一個曾經歷過兩年多部隊士兵生活的人，能夠再回到課堂上跟名師受教，內心是十分滿足的，因此學習的情緒十分高昂。也不僅我一人如此，勤奮苦讀甚至廢寢忘食也大有人在，以至學校一度發起「反對讀死書運動」，幸而這個運動未成氣候。

在學期間，學校曾發起過一些「運動」如：「誠實運動」和「肝膽相照」活動，要求同學們「心中有事，和盤托出」，同學間彼此要坦承以對，「事無不可對人言」，氣氛有點嚴肅，唯尚屬「和風細雨」。也曾有過一、兩位「積極」的同學擬發起全校師生仿照岳武穆在背後刺字「效忠」運動，這種事提出，沒有人敢公然反對，但只能暗自叫苦著，不知是哪一位有大智慧的同學認為「刺青」是幫會的行為，我們不值得效法，化解了這個運動。

在每一學期結束後，僅有一個星期的休假，接著要接受期終訓練，到海島、礦坑、漁村學習等。有一次我們乘軍艦遠赴大陳島學習，在島上訪問了救國軍船艇上的弟兄與他們談心，訪問了漁民、到醫院慰問傷患等歷時一週，嚐盡舟車勞頓和惡劣天候的干擾之苦，但也品嚐到救國軍弟兄致贈的新鮮黃魚和黃岩「大紅袍」蜜橘的香甜。

我們在校時，那時的作息時間，尚在週休半日階段（星期天上午內務檢查），星期六下午則沒有正課，學校展開各種社團活動，如國樂、口琴、話劇、國劇、魔術、舞蹈、棋橋、漫畫及球類等多種社團。我參加了「國劇研究社」，這個社的參與社員特別的多，大概與傳說國劇名伶顧正秋女士要來社親自指導有關，結果，顧女士因有「要事」不克前來，而由她的老師關鴻賓先生來社指導。我們曾學會整齣「武家坡」（老生戲），一些國劇行頭規矩還有鑼鼓經，什麼長錘、四擊頭、急急風等，敲擊起來真是熱鬧非凡，確能調劑身心。

學校每週安排的晚會等康樂活動也非常有水準，那時有很多文康團體如中廣國樂團、中華口琴社，鐵路局話劇團、康樂總隊劇團等來校演出，或則在操場放映電影名片，以解一週辛勞。

我們在校學習的時間儘管不長（僅有三個學期），但也造就很多各方面的傑出人才。以我們美術組而言，日後在藝壇上有傑出成就者如陳慶熇、金哲夫（西畫）、鄧雪峰、李沛、牟崇松、許海欽（國畫）、李闡（漫畫），其它方面有成就者如歐陽榮（軍事）、劉紹堃、于兆泮（教育）、沙宜瑞（作家）、于士修（國外學術）及常紹權、謝與隆等學長（其它同學不一一列名）。

我在復興崗曾先後進出過三次，除第一次的入學及畢業外，另兩次一為初級班，一為高級班（補修學分班），都屬在職訓練的召訓班次。民國五十年十月入初級班，課程大都為軍事及參謀作業等這類課，我在部隊時已了然於心，於是就在圖書館借了幾本大部頭著作，如胡適「中國古代哲學史」、朱光濳「文藝心理學」、李德哈達「戰略論」和日人服部卓四郎「大東亞戰史」等閱讀，以增進文哲和戰史方面的瞭解。受訓同學中一期有張景增、張祖安、金天成及二、三期王慶麟（詩人瘂弦）、莊政諸學長，大家相處都很融洽。在期末兵棋演習中，我擔任演習團主任的一組，經考評為第一名。

我受訓的高級班，同時也是補修學分班，召訓本校一至五期畢業的業科各系同學。因為幹校在創校之初，教育課程即採學分制，我們先前在校僅受三個學期的教育，因此學校再召訓補修若干學分，取得三專學資文憑，這確實是一項對同學有益的事。民國五十四年，入補分班，學校美術組已改稱為藝術學系，系主任為梁又銘教授，他對同學非常和善，也語多勗勉，他曾送我水墨畫「吉羊」一幅，我一直珍藏。任課老師中林克恭教授（油畫）、邵幼軒教授（國畫花鳥）、方向教授（版畫）等，獲益甚多。在油畫課上，有一件事值得一提，有一天，我和同班李聲揚兄在校外見到一位漂亮女孩，她是文化大學藝術系學生，聲揚兄上前和她攀談，徵詢她是否願來我們班充當三小時的模特，我們的條件是她可以選任何一幅她喜愛的畫作，不料她竟欣然同意。於是我們在油畫課時，向林克恭教授報告這件事，經他同意於下一堂課約文大同學來班，她如約準時前來，繪畫完成後，她竟選中我所畫的一幅。這幅畫作，在構圖和人像取景上都非常確當，用色調子也很好，經林教授親為修改後，色彩和筆觸上更具功力。林老師是台灣板橋林家後人，曾留學歐陸，在油畫上有其獨特風格。我雖難以割捨，但已有言在先，無可反悔。事經四十餘年，當年那位女孩和我們的合作，令我印象猶新。

這次補修學分，學校各方面改進很多，例如畫具、油彩、宣紙、筆墨等都由校供給，較以前我們要自己購置，真是不可同日而語。此外，學校也加強了通識教育課程，如經濟學、法學、理則學及國文等，國文老師張卜麻教授授課生動，特別引起大家興趣。此次回校補修學分，予我鼓勵甚大，當時曾發願將專心繪畫，奈因職務所羈，致事與願違。同班同學中如李沛、馮鍾睿、戴靜潔諸人，日後均為藝壇名家。

我要特別對藝術系已逝的幾位師友，表示感念：

## 趙春翔教授

趙教授河南人，河南師院和國立杭州藝專（現為國家美術院）畢業，和趙無極、朱德群等藝術大師同學。在本校任教時，也在師院（現台灣師範大學）藝術系任教。他親自指導我們素描，由於我的美術基礎薄弱，初上素描課時，完全是生手上陣，但在三個月後，居然可觀。趙老師很得意地把我的素描畫稿帶到師院給藝術系同學鑑賞，他的用意可能是激勵師院同學更要專注，但這對我的鼓勵是極其鉅大。在上水彩和油畫課時，他話不多，就是要我們專心致志的畫。在這裡我附帶講一句話，對當時油畫課採集體創作的做法是不當的，這使同學們失去對這門課的深層體認，當然我知道這不是趙教授的主張。

畢業前我知道將分發到部隊去，臨行前到趙老師在文化街的宿舍去辭行，他表示要送一幅墨竹給我，他說，在國畫方面也曾下過功夫（這在他的抽象畫作品中可以看出中國繪畫的影子），我下部隊後就沒有機會去取畫。後來他到西班牙馬德里藝術學院進修，然後再到紐約和當地抽象表現主義名家杜皮（Mark Tobey）、克萊因（Frank Kline）等人相結識，在創作中大量東方味融入畫面中，構成他的抽象作品特點，也成為當地畫壇名家。一九八三年他回台北在阿波羅畫廊辦展，我前往時，我們已三十多年未見，他已不認識我了，當時人很多，老師忙於接待，我無法上前自我介紹，只能在一旁看展後默默離去。老師在一九九一年病逝於苗栗，這是在多年後從國立歷史美術博物館為他辦的畫展時才知道的。

令我十分悼念。

## 王生善老師

生善老師是我們學生中隊的訓導員，國立劇專畢業，和屠光啓、謝晉等劇界先進同學。那時學校對我們的生活管理編成大、中隊，我們美術、戲劇、音樂和體育系男生編在第十中隊。王訓練員除了對學生生活上的指導和考核外，有時在每週的專題討論課上做指導老師。當時，我拙於言辭，每當要我發言，就會緊張而不知所云。但生善老師為我講評時，竟評論我的發言有條理、有邏輯性，只是辭不達意，應多加磨練云云。這席話增加了我的信心，爾後的講話就減少了緊張。當時，學校曾發起「誠實運動」，要求同學「心中有事，和盤托出」，我向訓導員報告，我的學歷是請人證明的，事實上我因為家庭因素，高中尚未畢業就輟學任公職，生善老師僅說了一句「你既然能考取本校，就證明你已有此實力了」，並沒有深究，使我放下忐忑不安的心理。畢業前，生善老師和我做了一次個別談話，他指出我的長處是具有內斂性的思考和辦事不苟的態度，他希望我增進青年人的活力，定能有所成就。感謝訓導員對我做這樣中肯的指導。畢業後兩年，我從金門返台受訓，一天在台北市西門町看到生善老師坐在峨嵋街騎樓邊，由擦鞋童擦鞋，他看見我，馬上熱情的招呼，問我畢業後情況並邀我一起吃飯，我因已和人有約，就謝了他。事隔多年，我去陽明山中國文化學院想瞭解藝術研究所的情況，和生善老師在華岡校園相遇，此時他已是文大教授，也是導演莎士比亞戲劇的權威。他仍如既往，鼓勵我多讀書，但加上要多運動。此後就未能再見，在報紙上看到他已歸道山的消息，回憶以往因緣，不勝感念。

## 胡木蘭學長

木蘭姊是浙江人，他是從文學校考入本校的。記得她入學報到時，旗袍高跟一副大家閨秀風範，在班上我們很少接觸，畢業後，我們同被分發到五十二軍，她在軍部，我在三十四師，這時我們才有聚晤。部隊十七週基訓時，最後課目是強渡新竹頭前溪，我和全連弟兄徒涉在河中間，那時軍部的督訓車輛就停在河岸邊，她在車上看到我，高興地向我揮手加油。軍部在新埔辦理講習班，我奉調受訓，因匆匆報到，未及準備文具和日用品，又承木蘭姊和李沛學長為我準備。最令我感念不忘的是部隊戍守小金門時，發生了一九五四年的「九三」砲戰，那天幾千發砲彈落在師部駐地湖下小村落中，電信全部中斷，通信修復後，我接到軍部來電，竟是木蘭姊的慰問電話，讓我萬分感動。木蘭姊調離軍部後，即未能再和她見面。一九九九年美術組同學聚會時，得知她已仙逝，深為感傷。

## 陳慶熇學長

福建仙遊人，他在入校前，已是北師附小的美術老師，油畫、水彩、木刻、漫畫無一不精，素描功力尤為深厚。畢業後留校，從助教升到教授、系主任，因此我們尊稱他為「掌門人」。他為人風趣熱心，民國六十二、三年左右，他竟關心我的婚姻，對我說「國生兄，你各方都很優秀，怎麼到現在還是孤家寡人一個？」並說要為我物色對象，不久他果然給我介紹了一位鹿港某小姐，我們交往了一陣，奈互不投緣，因此未能成功。他得知後，仍要繼續為我介紹，我謝了，對他說等機緣到了，就會有成了。衷心真的感激他。民國八十四年初，歐陽榮學長在環亞飯店主辦同學聚會，慶熇學長也參加了，並與高采烈地喝了很多酒，月餘後，竟傳出他病逝消息，深感震驚。追悼會後目送他的靈櫬離去，默念這位優秀學長如果不因行政事務的羈絆，不侷限在「兵畫兵」的格局內，他的藝術成就必然更為輝煌。

另有一位對我深具影響的長官是學校教育長沈祖懋先生，他是一位文職長官。我與他並沒有過直接的接觸，也沒有接受個別指導，而是在一次對全體同學的講話中，他說過這樣的話：「你們在校考試有六十分就可以及格了，但走出校門做事，你雖然做對九十九件事，如果有一件沒有做對或做好，就可能影響到你的前途」（大意）。這句話令我終生受用。

## 十、淡大夜讀

我奉調國防部總政戰部任職後，按時上下班，生活較為安定。這時我住在台北市區衡陽路上的「博愛大廈」內，公餘時間可以充分利用，而淡江文理學院（淡大前身）夜間部在金華街，距我辦公室車程很近，當年（一九六六）夏季淡大招生，我乃報經核准後，報考法文系轉學生考試，幸獲錄取，於是在是年九月入學。淡大校長為張建邦先生（上海聖約翰大學畢業、美國伊里諾大學碩士），學校校訓為「樸實剛毅」，但校風和學生的生活習性與此卻大相逕庭。法文系主任為齊衛蓮先生，他曾留學比利時，教學很認真，在我日後的觀感中，他對每一位同學都熟悉的叫出名字，也很關心同學的學業。有一次，我在台北市寶慶路的人行道上遇見他，當時我穿著軍服，配著國防部臂章和中校軍階，他看見我就叫出我的名字，我向他行了個軍禮，他微笑著拍著我的肩膀，我想他看見我是一位軍官可能有些意外吧？但我也有一種受到肯定和鼓勵的感覺。齊老師夫人也在系中任教，她是比利時籍，同學們都稱她為Madame，她寫的板書法文字體非常漂亮。中文雖不太流利，但也十分通順，她常在女同學面前抱怨齊老師，不知何故？

老師陣容中，除大一、大二法文由管傳埰老師教授外，吳棣芬教授（法國文學史）、郭彥教授（法國名著選讀）、張兆教授（現代散文）、其他如「法語語音學」、「法文修辭學」、「法文作文」等，均由外籍學者如談德義教授（加籍）、梅弘理副教授（法籍）、戴思博副教授（法籍）任教，後來有一位法國小姐盧芳蘇來系教會話，她畢業於巴黎大學中文系，人很美，大家學習情緒為之提高。

除法文專業課程外，我在校尚須補修一些共同必修的學分，如國文、大二英文、國際現勢、心理學等。這類課程的老師，多半由社會具有名望的學人或專家兼任，他們和同學之間的互動十分良好。我自己的經驗是這樣的：我國文課選修許君武教授的課，許教授前額凸出，有「許大頭」之外號，教學非常認真。有一次在講授「歸去來辭」一文後，他要求同學寫一篇讀後感。我最初在寫作時，本擬採取批判的態度，我直覺地認為「不為五斗米折腰」就要辭官，這種思想不可取。繼而經參閱有關文獻深入研究後，就當時的社會狀況分析，瞭解到陶淵明大約是在東晉安帝義熙年間求官，做了八十多日後又辭官的背景。其實當時的朝政已十分混亂，社會動盪不安，「晉民避亂負襁之淮北者道路相塞」，而劉裕將移晉祚的事跡已很明顯，他是東晉宰輔陶侃之後，豈能忝顏做官，所以有學者指其為「有託而逃」，就連梁昭明太子蕭統也認為他的好酒，「陶詩篇篇有酒，吾觀其義不在酒，亦寄酒為迹者也」。因此，我在結論中採取朱子的說法，靖節先生「有高志遠識，不能俯仰時俗，故作歸去來辭以見志」。這篇讀後感繳送許教授閱後，他於課後要我到他的休息室，先詢問我看過陶淵明那些著作，我具實以陳，他再問以前讀哪一所學校，我答以政工幹校，他笑著說你們幹校是很不錯的！這使我有受鼓勵之感。因我只補修兩學分，下學期未再選許教授的課，其實我是限於經濟和時間的不得已，失去再受教機會。另一次是選修蕭自誠教授「國際現勢」課時，有一次舉行月考，我卻因趕辦急件，等辦完後匆匆走出辦公室等搭計程車，不料又等了好久，致趕到學校考場已逾三十分鐘，不得進場。依學校規定，月考和期考成績平均計分，如此我期考縱考滿分，平均仍然不及格，這門課又得重修。因此在期考前，我將上述情況報告蕭師，我也很肯定的向他報告，我的成績不會差，因我這時的工作就和國際情勢分析有關，希望他能夠讓我這門課可以及格，結果學期成績得到65分，我非常感佩蕭師的大量。

淡大夜間部早期學生必須服完兵役或無兵役義務者，故多半為在職生，其中有因戰亂而失學，故夜間部開辦後爭相報考，同學中藏龍臥虎，可謂「濟濟多士」。淡江亦以多美女著稱，與我曾合堂上課者有劉秀嫚（中國小姐及環球小姐第二名）、于儀（中國小姐）、左艷容（電視明星）、與我同班者有黃淑芬（中廣公司歌星）等，她們都很活躍也隨和可親。我們同班同學中，爾後有多人進入外交界或對外事務單位，如楊雲黛（新聞局駐美）、李顯（駐沙地阿拉伯及歐洲等國經濟參事）、張文雄（駐南美玻利維亞大使）、熊健（駐外公使）等，另服務其他機構者如劉榮景（調查局訓練所所長）、在學校中任外文教師者有趙曼華、張純薇、黃秀卿、洪淑惠等，在商界者有楊慧敏（在美）、簡純育、郭金陵（在澳洲）、羅邦南（在泰國）、郭郁惠等人，我們都有很好的情誼，至今仍時有聚會。其中李顯學長及羅心安學長（公行系、曾任教育部人事處副處長）在我的公私事務中，曾給予我很多協助，令我特別感佩。

當時淡江其他各系中亦有很多同學好友，如中文系李闈、仇國光、季潛俠、趙琦彬諸學長，英文系胥浩功、熊國俊、李蓮松、常汝秋諸學長，公行系羅心安、黃雍廉諸學長。畢業前夕，雍廉（名詩人）邀我和他班上同學郭渝小姐及另一位C姓小姐同遊碧潭。那是一個仲夏夜，我們坐在遊船上，明月在天，清風徐來，顧而樂之。河上有販賣食物小船尾隨遊船兜售，我乃選購了一些豆乾、茶葉蛋和汽水，於是我們一面吃著零食，一面談笑，有時引吭高歌，我唱了一首「綠島小夜曲」，竟贏得他們的喝采，當晚盡興而散。如今，雍廉一家已移居澳洲，當時的碧潭夜遊，成了美好的回憶。

在淡大我最感念的教授，就是管傳埰老師，管師字亞公，安徽霍邱人，英、法語精湛，國學造詣亦極為深厚，據稱為外交部才子之一。我和他的情誼要從大二法文時的一篇譯作説起，有一次在課堂上，管師要我們把雨果（Victor Hugo）的一篇小詩 L'automne 譯成中文，我讀之再三，瞭解其意後，就以五言絕句的體例譯就成中文詩，老師評閱後頗為讚賞，就詢問我過去求學的經過及目前工作狀況，對我多有勗勉。在一次春假班遊中，老師曾賦詩相贈：

**與諸生遊鸕鷀潭**

臥遊原已慣，今日訪鸕鷀，市遠山川淨，人稀草木滋，橘花沁意候，潭水印心時，臨去頻回首，相要待后期。

當時我也乘興以「春遊即景」，寫了一首七律呈老師郢正，老師改了數字並謬加稱許鼓勵我寫詩，我因冗事纏身，不克靜下心寫，辜負了老師的期許。

## 春遊即景

戊申春，與淡江法文系同窗十有四人隨管師同遊鷺鷥潭，即景感賦，耑呈　老師郢正（以下括弧內為原作）。

嫣紅奼紫競芳菲，潤綠郊（春）光接翠嵐，不見水田飛白鷺，儘多（偶聞）空谷有清泉（啼鶯），漣漪野漲（春水漲綠）潭清澈，駘蕩春風（春風拂蕩）意自閒，輕舸疑過三峽險，浮雲舒捲鳥聲喧。

是年秋日，我主辦獅頭山之遊，邀請管師及慧敏、鳳梅、純育、熊健、金兆德、鄭中堯諸同學同遊。我們乘火車至北勢，再轉乘公車至南庄後登山，我先行上山，安排在一間寺院中住宿並預備山蔬一席，等他們上山，每人香茗一杯，一洗塵俗，當晚夜雨，山間寂靜，我們輕聲夜話極具詩意。老師賦詩如次：

## 遊獅頭山夜雨

為愛看山故故行，無端逸抱一時傾，煙輝梵宇秋同潔，齋備郊蔬氣自清，
荒榭几台供夜話，空山霖雨負蒼生，明朝又向人寰去，收拾禪心付世情。

一九六九年，管師被特任為駐東非盧安達共和國全權大使，赴任之前，我連繫了班上同學和英文系部分同學在台大餐廳以西餐和酒會為老師和師母餞行，他到任後寫了多首詩寄給我們，殷殷之情，現於字裡行間。

## 于役非洲留別諸生

款洽見情真，成均歲月新，弦歌原不忝，遊息亦相親，薪火三年意，浮沉百感身，雲天雙萬里，魚雁莫辭頻。

一九七三年老師奉調返國，仍在淡江兼課，我和慧敏、純育、子珍等同學隨

班旁聽，下課後陪同老師從永康街再沿著敦化南北路步行到老師寓邸，那時，夜色已深，而我們師生談笑風生，意興自得，此情此景恍如昨日。

老師喜愛登山，自外交部退休後曾多次由我陪同登觀音山，與曼華、純育、慧敏等登深坑皇帝殿，與楊雲黛、岑綿綿學長等同遊銀河洞。也曾在淑惠家的關渡農莊野炊夜宿，老師成為同學們聚會的核心。一次，他的次公子德辛兄偕其德籍妻子返國探親，老師非常欣慰，邀請其至親好友趙耀東先生等在其自宅舉行自助餐會，老師也邀我參加，場面十分溫馨。我結婚時，蒙老師親為我主婚並致詞，在我工作上轉換跑道時曾予我鼓勵和支持，令我衷心感激。老師書法工小篆，曾送我屏聯一付，聯句為「感時同杜瘦，論句愧盧前」，聯句對我詩作的期許，愧不敢當。

自師母過世後，老師一度頗為落寞，後來他回大陸在京杭等地旅遊並與其舊日同窗聚晤，不幸於杭州旅次感染疾病，雙腿無力站立，曾赴德就醫罔效，後來住北京療養。我曾於八十六（一九九七）年返鄉時，專程去北京探視，那時慧敏也隨其夫婿住北京，她開車載我至老師處，我們師生在一起聚晤，非常高興。民國九十七年（二〇〇八），我住在蘇州，十一月間乘夜快車進京，那時，老師已在北三環某社區購屋，請有專人看護，我晉見老師時，他雖已是九十三歲高齡，但精神尚佳，記憶力很好，看到我非常欣喜，特囑其親屬備辦了火鍋款待我，席間老師仍十分關心在台同學現況。當晚留宿老師寓所，次日我告辭回蘇，那天氣溫很低，我請老師不要外出送我，但他堅持送到門口，室外寒風凛冽，我走過院落轉角處，回首看到老師仍站在門口向我揮手，此時我一陣心酸，我們師生不知能否再相見？一〇〇年（二〇一一）春節，我照往例電話拜年，但電話中傳出語音，謂已停機，心中有一種失落之感，後來自同學曼華處獲知老師確已過世消息，頓然難過不已，回憶這段四十餘年的師生情誼，不禁滄然。

## 十一、政大東亞研究所進修

國立政大東亞研究所設在台北市木柵國際關係中心內，除招考中外各大學畢業生來此深造外，也保留部分名額供有關機關人員在職進修。我經國防部總政戰部推薦，提報研究計畫，經國際關係中心核定，入所研究。（參見第肆章八節）

民國五十九年（一九七〇）九月我入所註冊，成為東亞所在職進修第二期生，除在上課時間得以公假進修外，其他時間還要回部辦公。同學中在職學員有六人，研究生有十二人，大多來自台大、政大畢業者，其中有外籍生韓籍二人、日本籍一人。所長為吳俊才先生，他也兼任國關中心主任。所中有很多名師，授課各有千秋，入座其中真是如沐春風。講座中如「中國文化史」教授陶希聖先生，他學富五車，觸類旁通，聽課時可從中了解到相關事件的原委。他有一次在考試時，命我們自己出題，就中國歷史事件中寫一篇論文，我當時正在看「三國志」，因此就以赤壁之戰的戰略觀點和戰後形勢做了分析，結果得到九十六分。鄭學稼教授講授「共產國際運動史」如數家珍，他是福建人，常說的口頭禪是「請允許我這麼說」。當時台灣各電視台正在播放以北洋軍閥為背景的連續劇，醜化軍閥們的形象，鄭師頗不以為然，他說孫傳芳是日本士官學校的高才生，而張勳「辮子軍」裡多的是秀才，不要以為軍閥們就是那種不學無術的無知之輩，其直率如此。吳俊才教授講授「東南亞史」，他的課提綱挈領，條理分明，照著他講的筆記下來就是文章。郭華倫教授講授「中共黨史」，郭教授即是曾在中共「紅軍大學」

任教的郭乾輝先生，他對中共黨史研究有第一手的資料，其所著「中共史論」一書，為中外各大學研究中共黨史之權威著作。我印象最深的是李際泰教授，他講授「國際關係」，上課鐘聲未停，他站在教室門外等候，俟鐘聲停後進入。授課段落分明，絕不重複，下課鐘響，立刻停止講話。其人之重視時間觀念，絕不拖泥帶水。他的性格卻鑄下了悲劇，據新聞報導，其幼女常在夜間大聲開放電視，而李教授常因此失眠，在一次勸阻無效後，失手扼其女致死，事後投案自請判以死刑，法官就其原委判以有期徒刑，李教授可能心理難安而於獄中過世，令人惋惜。

在所教授中，李登輝先生也是兼任教授之一，但我未選過他的課。此外，有劉岫青教授和專任講師關中先生、張煥卿先生，他們三人在所中有三國英雄「劉、關、張」之稱。

在同學中，我們在職同學雖然年齡較長，但大家相處並無隔閡。有次我們在一起大家自我介紹，那時在職同學中都已成家，我只好說，我家有三個人，我是家長兼僕人並是廚師，我一個人吃飽，全家人就都吃飽了。引得全班哄堂大笑，這也算是化解尷尬之法吧。在職同學中張澤民學長德高望重，他在調查局供職，我在總政治部工作時，我們時有往來，對我多有匡助。碩士班同學中，畢業後相聚機會不多，有次（一九八〇年左右）和陳朝陽兄在左營相遇，我們互相親切問候，相見甚歡，他那時已是國立雲林科大教授。外籍同學中宋在祿兄是韓國人，其夫人當時亦同住台北，有次我們全班人馬到他家中作客，韓國銅盤烤肉，果然不凡。他回國後即在仁川市仁荷大學執教，曾回台和我們相聚。崔寬藏兄亦韓籍，回國後在該國外交部供職，有一次他隨韓國的一個參訪團到人事行政局訪問，局內由馮信孚副局長接待，崔兄看到我馬上熱情的和我招呼，他告訴馮副，我們是東亞所同班同學，馮副特邀我在中國大飯店的午宴上作陪，席間氣氛融洽，賓主盡歡。日籍同學野口五十六兄，其人話不多，非常謙和，我們互動不多。

我們這一屆於民國六十一年（一九七二）畢業，學習期間深為愉快。當時國關中心董事長杭立武先生曾支持我們在職班同學取得學位，奈因當時的校長堅持不允，深為不解。但東亞所在職班第五屆後已授予學位。

# 肆、軍旅征程

## 一、從軍行

我之從軍，老實說並非出自「救國救民」的大志主動請纓，而是大時代的動盪驅使使然。民國三十八年（一九四九）初，我在高郵縣政府任職，因時局緊張，縣府準備隨軍南撤，我們奉命跟隨縣府行動。那時，我大哥新喪，匆匆安葬後家中極度困窘，我的薪俸折發實物只有白米兩擔，留給家人用度，只好跟著縣府走，才有薪資可領。撤退的那晚，已是農曆「送灶」的日子，往日全家人在一起「吃灶飯」的歡愉情懷已隨風而逝。我和二哥、姊丈序廷兄告別家人時，看到大嫂、姊、二妹和年幼的三妹、春甥一臉無助的眼神，心中無限的酸楚，就這樣懷著悲愴和茫然的心緒踏上征程。

我們和縣府人員夜行軍至揚州，再渡江至鎮江後，縣府鄉鎮工作隊同仁暫住五條街小學內，舊曆新年就在慘淡和倉皇的氛圍中度過。不久，遷住三十五標營房，縣府奉省令併編入省保安團，鄉鎮工作隊人員可選擇留團到各連任政工或自行離職。適此時省訓團為因應江蘇省府在蘇南地區建立警勤區制而招考警員班，我們部分同仁報考並獲錄取，等待受訓階段，乃由同仁周芳兄和序廷兄安排，一行十二人先投奔在常熟的一二三軍衛生營同鄉夏美馴先生處暫作停留，夏先生很熱心讓我們駐進趙湖園內一處民宅，每日由同仁輪流值日辦伙。此時常熟街頭仍然一派熙來攘往，毫無戰爭緊張景象。三月間，我們離開常熟赴無錫省訓團警員總隊五大隊報到。大隊駐地在無錫市郊運河畔的華新絲廠，受訓期程半年，結業後分發各警勤區任職。我們在受訓期間，採軍事管理，每日兩餐，三操一講，除講授警察法令外，大都為軍事基本教練，生活緊張而單調。月餘後的某一夜晚，忽然夜間緊急號音響起，我們迅即著裝奔赴集合場後，全大隊連夜急行軍至虎滸關，換乘火車至蘇州，方知江陰要塞失守，共軍已大舉過江。我們抵蘇州後，每人已身無長物，此時有人發現一座軍用倉庫，內有很多日軍遺留被服，於是大家就自動地換上日軍的全新制服和皮靴，因此「軍容」頓然壯觀。隨後乘火車至松江，再過黃浦江駐周浦鎮。此時有很多部隊都想收編我們這個大隊，應該感謝大隊幹部們的良心和責任感，他們洽商了陸訓部的招生單位讓我們到台灣接受軍訓班入伍生訓練。全大隊同學們聽到這則消息，一則以喜，認為到四季如春的寶島走走是不錯的事，但一則以懼，此去前途未卜。在此時刻，已不容我們猶豫和退卻了，一聲令下，大家於五月初登上開往台灣的「大江輪」。

大江輪是一艘客貨船，此時其上下艙及甲板上已擠滿了軍人和百姓，大約將近四千餘人，還有許多人為搶搭本船而不幸落水者。輪船上因人多起居極為惡劣，我們幸運地分配在輪船最上層，空氣較好，飲食供應尚屬正常。至高雄後，大隊整隊行軍，因我們身著日軍制服，頂著日式鋼盔，行進在街上引起市民的好奇和驚訝，隨後進駐鳳山鎮灣子頭營房。

## 二、在新軍熔爐中鍛煉

「太平洋的浪濤在呼嘯，自由之神在歡笑，共踏著芬芳自由的土壤，懷想著赤嵌樓上的英豪，永遠不許妥協，永遠不用強暴，掃除封建的渣滓，滿足人民的需要，邁起捷步，挺起雄腰，新中國的兒女們，光明在前頭照耀…。」一列列雄糾糾氣昂昂的隊伍，邁著整齊的步伐，高唱著雄渾激昂的「新軍歌」，呈現出一片朝氣蓬勃的氣象，這就是我們第一眼所見鳳山新軍基地的景象。新軍是當時陸軍訓練司令部在孫立人司令官指揮下所訓練的部隊和訓練單位。見諸文字的有「新軍歌」和「新軍六戒」等，它曾以戴竹笠、穿紅短褲為標誌，成為登上國外報刊版面的「台灣新軍」形象。

我們江蘇省訓團警員班五大隊同學，經第四軍官訓練班甄試後，合格者經唱名分發到入伍生總隊。次日即整裝乘火車至台南旭町營房（現成功大學校區）報到，成為「新軍」的一員。

入伍生總隊是原屬陸軍訓練司令部的「補充兵總隊」，後來改隸軍校第四軍官訓練班，據前期學長們的說法，當年陸訓部在京滬和廣州各地招考的一批知識青年，在進入台南旭町營房前，看到門前掛著「補充兵總隊」的招牌，集體譁然拒不進入，後來幾經安撫，把補充兵總隊改隸軍訓班並改稱入伍生總隊。陸訓部所屬除軍訓班及入伍生總隊外，還有駐屏東的女青年大隊及後來從各部隊的幼年士兵集中而成立的幼年兵總隊。入伍生總隊轄有三個團，總隊長為趙狄少將，我們被編入第三團，團長為魯廷甲上校，他們都是前新一軍參與抗日遠征印緬的幹部。我和二哥被分發到第十連，連長陳奇驤上尉，他出身青年軍。排長多從軍訓班畢業者，班長則從新一軍軍士隊挑選而來，這些班長們管教極為嚴格，管教方式也極為惡劣，動輒使用打罵手段，不過幸運的話也會遇到有修養的班長。

我們接受的訓練，除基本教練外，特重射擊訓練和體能訓練，每日從上午六時起床，到下午十時就寢，期間早晨越野長跑，上午基本教練、射擊預習，下午體能訓練，晚間練行進唱軍歌，晚點聽訓，幾無喘息時間。我們的基本教練是依軍訓班編訂的「術科實施法」為基準，以「立正」為例，它較步兵操典的要求更嚴，頭須正、頸須直，兩眼平視，下顎後收要顯出七條橫紋，兩臂下垂，兩肘微向前傾，兩手緊貼腿部褲線，兩腿併攏挺立，班長們不時以手掌按班兵的頸部是否挺直，以腳猛踹班兵的雙腿，如未用力挺立，被踹倒在地，則須另出「小操」磨練，這立正一小時後，往往汗流浹背，此僅為訓練之一端而已。在體能訓練方面，有長跑、短距快跑、墊上運動、單雙槓、劈刺、枕木運動以及超越障礙等，這些運動消耗體力大，可以鍛鍊個人的體能、耐力，但因政府財政拮据，我們的伙食很差，早晨吃白糖稀飯，午晚餐一菜一湯而已，因營養不足致很多人患有夜盲症。另一項磨練即全連集合的方式，值星班長在集合前不許同學們站立事前做準備，而是一聲哨音後他就緊接著在集合場發口令，這時在室內的同學需用衝刺向前，往往有多人被台階絆倒。值星班長一聲「向前看」，所有人都得肅立不動，此時未站到隊列中的同學就要以匍匐前進方式，爬行到隊列裡，砂石路面致兩肘皮破血流，則屬常事。

按照當時的訓練行事曆，我們每周的操課時間為六個整天，星期天上午要「內務檢查」，檢查人員戴著白手套檢查廁所地面，槍枝要打開槍機察看，如果發現槍管膛線不潔，當場就用通條抽打。而最難受的是一人犯過全體受罰，通常是槍上刺刀，持槍跑步，往往在操場跑過三圈，手腕簡直欲斷。星期天下午，全連有時會行進到市區電影院看勞軍電影，是為假日唯一調劑。如不幸在路途中遇雨，那就在雨中踢正步、唱軍歌，淋成「落湯雞」而回。不過連上會準備生薑和紅糖熬製的薑湯，每人一杯以祛寒，這是軍中防止感冒的一種良方。

那時軍中生活設施極其簡陋，既無淋浴設備，也無洗滌衣服場所，有次，全連到安平港在海水中練習跳浪，行軍回營時，每人全身皮膚上都有一層鹽霜，也僅能在水龍頭前稍做沖洗而已，以致每人身上有一股汗臭，當我們隊伍經過，有些路人會掩鼻而過，這點頗傷我們的自尊，但亦徒呼奈何！

三個月後，總隊移駐鳳山五塊厝營房，開始實施排、連教練、實彈射擊和戰鬥射擊訓練。劈刺和射擊是新軍的兩項絕活，訓練極為嚴格，要求也很高，如果射擊「吃麵包」（脫靶），那就必須不斷的「出小操」磨練。好在那時大家年輕眼力好，四百公尺內打紅心有絕對信心。最刺激的是「戰場心理演習」，也就是在火網下匍匐前進攻擊目標，還有夜間教育，以北極星為方位，在黑暗中依方位尋找道路回營，路上設置各種恐怖狀況，往往有人徹夜在外摸索直到天明。在戰鬥射擊訓練中，我曾在戰壕內被手榴彈擊中，必須在兩秒鐘內將榴彈反投擲出去，致右手掌被刺刀割裂，所幸及時以綁腿布裹紮而無大礙。

全總隊每月要到軍訓班營區操場，接受孫立人司令官的校閱，那個場合大約集合了八至九個團的隊伍，孫司令官一行行步行巡視。我們從黎明行軍到達操場，至接受完校閱，大約站立六個多小時，這也鍛練了我們青年人堅忍不拔的意志。孫司令官有時會親自在大操場為我們入伍生總隊上課，我們坐在小板凳上，戴著竹笠，頂著烈日聽課。記得有一次他講到新軍的使命，大意是從清朝軍隊的變革說起，從綠營、湘軍、淮軍、到民國後的北洋軍及後來黃埔建軍，他認為軍隊必須隨時代的變革灌注新的精神。我們也從「新軍歌」和「新軍六戒」（戒賭、戒嫖、戒貪財、戒驕惰、戒虛偽、戒擾民）中體認到新軍的另一種風格。也立定志向，獻身軍旅事業。

新軍的訓練成果，在當年（一九四九）十月廿五日台灣光復節的省運會上呈現出來了。那時，在東南長官公署前的廣場上（今凱達格蘭大道廣場），我們入伍生總隊同學，人人上身赤膊，紫銅色的皮膚，襯著紫紅色短褲，以昂揚的氣慨，唱著軍歌進場，展示「劈刺」和「枕木運動」（六人一組扛著枕木的合作運動），當一聲令下，爆出雷鳴似的殺聲和吼聲，使全場為之震撼。新軍贏得台北市民的另眼相看。而會場上更宣布了另一件另人振奮的消息，即新軍在金門古寧頭戰場取得勝利，更使新軍有了光彩。但當時我們的待遇十分可憐，一個上等兵每月只有新台幣十二元，穿戴的紅短褲、竹笠還要扣自己的薪餉，這也說明了當時政府財政的困窘。

在受訓期間，有一件事令我印象深刻。那是在台南旭町營房，我們曾接受陸軍軍官學校校長關麟徵將軍的校閱和訓話，記得他當時除對我們的操練表示嘉許外，但語帶諷刺地說：「今天我是以成都軍校校長的身分，來參觀你們鳳山軍校的！」直到今天我一直不明白其中的意思。

在台南時，我和二哥鳳來曾發生被其他部隊強抓入營頂替應卯的事，事因二哥的一位好友在台北寄信告訴他，台北有很多升學的機會，因此我們二人向連長請了兩天假想到台北瞭解情況。火車經過苗栗時，我們被某部一群武裝士兵攔檢，硬指我們是逃兵，強迫下車押至三義國小內，當時我和二哥大聲抗議，引起駐軍營長注意，這位營長姓馬，他把我們二人帶到營指揮所的教室內，他看到我手中拿著一本軍訓班編印的「陸軍基本教練術科實施法」，就詢問我們在入伍生總隊的狀況，我們據實以告，並告之請假赴台北料理私事。他向我們表示歉意，並坦誠的告訴我們，現在部隊要整編，不足額就要裁併，他請我們「既來之，則安之」，幫他們一個忙，在一周內應付上級來此點名後，就可以送我們離開。他留我們住在營部並和營長一道用餐。幾天後我們頂替了別人名字應卯後，果然由一位軍官陪我們南下，但這位軍官只到新營就下車，他要我們自己回營，我和二哥商量，認為回去我們沒有取得逾假的證明，一定會受到「逾假不回」的懲罰，但不回就真成逃兵了，既進入伍生總隊，就要修成正果。當時決定回到旭町營房連部，陳連長見到我們了解情況後非常欣慰，他說「回來就好」，可當時值星的荊姓排長，怒氣沖沖，堅持要用扁擔揍我們，連長裁示「禁閉三日」，沒有送到團部禁閉室，而是連部的儲藏室，我們在裡面休息了三天。

是年底，二哥考取總隊部軍需，我經甄選調台灣軍士教導團。

我們入伍生總隊同學，都是三十八年（一九四九）由孫立人將軍的陸軍訓練司令部自京滬和廣州等地區招考而來，大都為失學青年，大時代的動盪，使我們風雲際會聚集在一起，在經過嚴格鍛煉後，各自努力，各求發展，有人報考各軍事學校，有幸運的進入大學，有在部隊從基層歷練，後來分布在台灣軍、政、教育及工商各界的各階層，其中有人取得很高的成就，成為建設台灣的中堅力量。

## 三、台灣軍士教導團當班長

——兼述「台灣成功軍」的發軔與夭折

民國三十八年（一九四九）底，當局有組建「台灣成功軍」之議，成立了「台灣軍士教導團」，徵召台籍青年入伍接受士官訓練，以作為成功軍之基幹。同時在入伍生總隊學生中甄選教育班長人選，赴教導團任教。我經筆試錄取，通過實兵指揮考核及格，再經總隊部「班長訓練」後，調派教導團升任中士教育班長。

民國三十九年初，我調任本團第三營重兵器第三連六班班長職，當時全連幹部為了有「一個好的開始」，我們親自打掃營房、擦拭窗户床鋪、準備好軍服、軍靴、摺疊好軍毯、睡袋以及盥洗用品，以迎接入伍青年。可這時有一件令人氣惱的事，這些凡立丁泥軍服、長筒帆布膠靴及睡袋等美援軍品，只供應入伍青年，而沒有我們班排長的份。這種不平等待遇，使我們深受打擊，而認為是一件不可思議的事。

入伍人員報到日，台省各鄉鎮的專車敲鑼打鼓，奏著日本軍歌，攜著「武運久長」的旗幟進入營房。我們接兵後，馬上集合點名，示範著裝，然後引入床鋪定位令其換著軍裝後，由理髮師一律剃成光頭，然後開始編隊。我們編隊的原則，仍依照縣市鄉鎮的序列。我們這個連的兵員來自當時台中縣的東勢區、南投區、竹山區和草屯區，我們二排是南投區，我班則以來自中寮鄉的人員為主，他們大多數接受過國民高等科（相當國小六年）教育，有二人是台中高工和彰化高商畢業，其中有數人在台糖鐵道課供職，一人在商銀服務，兵員素質尚佳。

施訓開始後，採用國語發口令及講話（當時我們曾受台語訓練），對於學兵相互之間用台語交談則從不干涉。由於我在入伍生總隊所受訓練紮實，所以在基本教練、射擊教練以及戰鬥教練方面，都能以準確動作示範。由於我連是重兵器連，配有三〇重機槍，以前我尚未操練過，因此現學現賣，尚能應付裕如。另外，對他們的管教，則言而有信，所以在學兵前尚有一定的威信。但令我痛苦的是每天早晨的五千米跑步，我的班兵都比我高大，捷步如飛，而我在晨跑後，對早餐的糖稀飯食不下嚥，致營養不足，患有夜盲症，跑得很費力。

教導團每到星期假日，就要接待學兵的家屬來營「面會」，此時鳳山鎮上餐館、旅館經常供不應求，為因應學兵要求，團部在營門外廣場搭蓋多座帳篷，以供學兵和家屬「面會」，頗為奇特。

教導團的學兵當時真如天之驕子，他們覺得在户外水池沐浴不便，要求政府建浴室，省府馬上照辦，感受團醫務所就醫不便，省府馬上調派省屬各醫療機構輪派醫護人員來營駐診，覺得穿膠鞋不夠壯觀，要求訂製皮鞋，地方政府亦均予照辦（當然不包括班長、排連長），可謂有求必應，照顧備至。當年七月，教導團訓練告一階段後，「成功軍」之議告寢，本團奉命返回各學兵家鄉組訓民眾。

我連於當年八月分別進駐南投、東勢、竹山、草屯等地區，我率全班進入中寮鄉公所所在地鄉親寮。為方便與民眾接觸，建議連部提升班內學兵余金木君為副班長，余君為客家人，為人忠厚實在，協助我辦理有關事務，甚為得力。

中寮鄉長謝燈炎先生是一位受過日式教育的紳士型人物，對我們甚為禮遇。我們初到時，曾接受他的款待，記得那時的菜單有當歸鴨、排骨酥、炒米粉、炸蝦卷及白斬雞之類，這是我第一次品嚐到的道地台菜。我們班住在一幢日式住房內，三餐由一家食堂供應，食堂內有女侍應生，她們有時故意坐在我的身邊，甚至坐到我的腿上，我則端坐不為所動，故贏得當地人士對我的好評。

但鄉公所內有一位鄉隊附，他曾當過日軍兵曹，最初對我有些不太搭理，我班副班長余金木君曾向其介紹「我們班長是高中生喔」，他有點不信，竟要考驗我的英語，結果被我考倒。以後我們也有多次交談，他對於國軍的形象始終認為不如「皇軍」威武，我則告訴他，我國在抗日戰爭中遭受到的災難和創傷，帶來貧窮和匱乏，那有能力負擔讓軍人穿得好、吃得好「威武」起來？再說軍人的被服給養是人民的納稅錢支付的，難道我們不想穿好吃好嗎？他以後就不再和我辯論這些問題了。我回想當日我竟有這樣的胸襟，不禁為之莞爾。

其實，鄉隊附對國軍的觀感不佳，也其來有自。據副班長余君和多位學兵對我的說法，他們認為台灣光復之初，派遣來台接收的部隊，軍容不整、服裝髒亂，挑著行軍鍋或行李下船，鬆鬆垮垮的樣子，讓前往基隆港迎接祖國英勇將士的群眾，大失所望。這當然是由於八年抗戰接著又是「戡亂」戰爭，國家財力衰竭所以致之。但當局竟沒有考慮到一個和祖國分離五十一年，而又被日人處心積慮推行「皇民化」政策所統治的人民的感受？這不能否認是一大敗筆！

我和副班長余君為組訓民眾做準備，曾到過中寮鄉的幾個大村里勘察集結的場地，尤其去龍眼林村，那時交通不便，要乘坐台車上山，（台車是一種用小鐵軌沿山勢上下的交通工具，上山時要用人力推扶，下山則順勢而下，遇到轉彎或會車時，則要在很遠處吹口哨引起注意。）當地村長對我們到來表示歡迎，據他說，我是光復以來第二位到龍眼林的軍人。我們夜宿該村，由於該村當時尚未有電力設備，夜晚照明要用電石燈，也成為我們未來集訓時需考慮的事項。次日乘台車下山，果然直衝而下，如果剎車不佳，隨時有翻車危險，這也值得考慮。

就在我們積極準備之際，訓練計畫、進度、組訓所需教材以及訓練用品、經費等仍告缺如，組訓工作實際是呈停頓狀態。此時，我到名間鄉約同班長胡校華君到草屯鎮四排駐地參觀，大家對此狀況甚感納悶。班長丁星翹君提議帶我們同遊附近的碧山岩寺，寺傍貓羅溪，一灣清泓，景色清幽，寺內清靜無塵。我們閱讀香案上的「金剛般若波羅密經」時，大家討論起「三藐三菩提」的意義，我說出這是「正覺」的意思，引起寺內一位尼師的注意，他向我們問訊，談起我們家庭和佛教的因緣，他為我們奉上香茗，並告訴我們曾去過廈門的南普陀。我們交談甚為投契，他也為我們這幾個阿兵哥在佛前祈福，讓我們渡過一個很清涼的下午。貓羅溪在台灣八七水災時曾遭到沖毀，我此後就無緣再去該處。

由於組訓工作停頓，我令全班人員每日到班，除嚴禁酗酒冶遊以外，可自由活動，隨時待命。我則利用時間自我進修，此時我結識鄉公所一位李姓職員之子，他在台中一中就讀，他常到我的住所和我討論國文、史地方面的問題，我則向他請教高中英語和數學，並努力自修，進步甚大。

民國四十年的春節，在中寮度過，這是來台後度過的第二個年節，覺得當時的節日氣圍不像今日熱鬧。記得當時只有兩天假，除夕日照常上班，沒有爆竹，沒有春聯，除了部隊在街頭的舞獅舞龍外，冷冷清清。春節後不久，我們全團駐在各鄉鎮的人員全數回到鳳山五塊厝營區，教導團團部也在準備盛大的結訓儀式，學兵們將正式結訓返鄉了。這時，各連隊響起了驪歌，在送走學兵後，我們教導團就要面臨解散的結局，我們班長們可能要分發到各部隊去。是年八月間，適逢政工幹部學校招考第一期學生，我在鳳山報名，八月下旬考試，放榜後幸獲錄取，而教導團此時也正式奉命結束，我於九月初奉調砲兵第十二團任職。

台灣軍士教導團，從轟轟烈烈的成立，到匆匆解散結束，也宣告了台灣「成功軍」的夭折，這當然牽涉到當時的國際背景和政治因素。但就成敗得失檢討，教導團的幹部素質是優秀的，當時從入伍生總隊甄選的一批班長，都是知識青年富有朝氣，社會背景單純，軍事動作嫻熟，所以深受受訓學兵的尊重。但當時的後勤補給，竟不能使官兵一致，又一味仰賴地方政府支援，毫無制度可言，應該是最大缺點。至於台籍學兵，雖然都是在日據時代受過日本教育，但當時並沒有所謂「台灣意識」這個概念，他們入伍後就自認是中國軍人，對我們這些幹部也從來沒有什麼「大陸人」或「阿山」之類的說法，有時會提到「你們內地人」這樣的稱謂。對於軍中的教範和管教也均能適應，這對爾後部隊充員的增補，奠定了良好的前例。

我對於曾經在一起生活和共同教學的學兵們，仍常記在心。民國七十二、三年間我在人事局奉派赴中興新村省府查勤時，曾於一個傍晚，乘車至鄉親寮探訪。事隔三十多年，已記不起那間住所和食堂，一個人獨自在街道上來回走著，不料班車在六時後即收班停駛，無奈只好在路邊攔車，剛好一對青年夫婦開車經過，讓我上車，我坐在車上，默想起當年一個異鄉青年來到中寮，每當走過派出所旁雜貨店，慈祥的阿婆都會要我「進來坐」，隔壁楊外科家女孩不時來到我們住所探望，一時竟沉浸在往事裡，不覺已到中與新村，我謝過青年夫婦下車，但卻忘記告訴他們我來鄉親寮的初衷。

## 四、炮兵團的過客

民國四十年的九月，我奉調至屏東大武營的砲兵第十二團，據接待我們的軍官介紹，本團是由新軍各師所轄四二化學炮連所組成，現在將換裝一五五榴砲，全團目前正在接訓第一批充員兵在九如鄉營區集訓。那裡是一座「克難營房」，就是用竹子和泥巴搭建的簡陋營舍。我被分派下連後，職務竟降調為副班長，是因我是被裁撤的人員嗎？這時我心想反正在一個月後就要離開，我只是一個過客，所以就不再計較。連裡的幹部們都知道我將升學，因團部有一位軍官李河珍兄考取幹校音樂組，此時他已官拜上尉，因此對我更加羨慕。我下連後，本著做一天和尚，撞一天鐘的理念，積極參與訓練，由於我有在軍士教導團帶過台籍士兵的經驗，對於充員的管教，深受他們的歡迎。

是年十月間，我將到幹校報到，在離團前夕，團部邀集李兄和我還有另兩位教導團來的班長，以茶會歡送。團長致詞時再三強調「作戰綱要」內所揭櫫的「軍以戰鬥為主」這個概念，可能是對我們這批未來政工幹部的特別提示吧！

十月廿二日我獨自從屏東乘火車北上，車行約九小時多，到北投已近傍晚，走出車站，一陣天搖地動，火車站房左右搖晃，我則站立不穩，旅客們慌忙地從站房外逃，這是我生平第一次感受到的地震。是晚住進覺村。

## 五、在長城部隊歷練與成長

### （一）初任軍官

民國四十二年（一九五三）四月二十八日，政工幹部學校第一期學生舉行畢業典禮，總統蔣公親臨主持，典禮後被授予少尉軍階。兩天後同學們就各奔西東，我們一行有二十餘人被分發到陸軍第五十二軍，它的前身是黃埔教導團擴編而成，在北伐和抗日戰爭中建有殊勳。它的軍訓很特別，那就是「兩短集火，被圍不驚，獨立不敗，殘殺動搖份子」！這是一支驍勇善戰，軍紀嚴明的部隊，既然來到這個部隊，就要有不怕犧牲的鬥志。

我們到軍部後，再經層層分發，最後我被分發到第三十四師步兵一〇二團第九連任少尉政治幹事，因連指出缺，我代理連指導員職務。我們的部隊曾經在抗日戰爭中有七位勇士死守長城一據點的偉大事蹟，因此代號長城部隊以彰顯這段光輝隊史。

## （二）十七週基訓

我下部隊當時，我部正是十七週基地訓練進行的中期，我下連後的次日，就隨部隊進行拂曉渡河攻擊演習，我連在夜暗中行軍至觀音山麓，乘天未亮前至淡水河畔乘皮筏渡河，向關渡方向攻擊，一時既緊張又興奮，經過這第一天的磨練，很刺激，很累也很有代價，因我一直身先士卒，和士兵們一起上山下水，因此他們認為果然是「新官上任三把火」，這對於連上的士氣大有助益。我以後才獲知，連上的特務長（現稱行政官）曾在我的寢室舉槍自裁，我到任後帶來一股幹勁，使大家振奮起來。在爾後的工作中，我積極和幾位排長互動，和士兵們談心，從而瞭解我連士兵，有部分是老廿五師的弟兄，他們曾參加過抗日戰爭，年歲較大，對他們我特予安撫和尊重；其餘均為從東北、上海等地招募以及自四十師編併而來，我和他們融入在一起，其中有數人學識程度較高，我鼓勵他們多讀書看報，後來有人考取軍校。我想起一位士兵弟兄向我說過：「別人來當兵可以拿到安家費，我是從家裡帶了一擔蘿蔔來當兵的」，原來他是被抓兵入營，我半開玩笑地慰勉他「你是雙重的報國喔」！

部隊的訓練越來越艱苦，有時要越過山嶺，有時要下到深谷，記得有一次行軍至林口台地山崖下的小溪澗旁，夜晚口渴，用手捧起澗水解渴，那水清冷而甘冽，使我至今仍念念不忘。

在訓練過程中，最高興的是官兵們做到絕不擾民的要求，有多次在大雨中我們站在戰壕內，水深及膝，沒有人偷跑到民宅內避雨。記得從前做老百姓時，最痛恨的就是紀律敗壞的軍隊，他們強買豪奪，擾民害民，豈能不敗！

基訓接近尾聲時，部隊於黎明從台北縣林口鄉的湖下村出發，行軍至新竹縣關東橋宿營。次晨，強渡頭前溪，我和全連官兵徒涉過河，水深達到胸部，那時軍部督訓組的車子停在河岸，我的同班同學胡木蘭學長、李沛學長在車上看見，為我加油打氣。我們到達新埔鎮時才獲休息，在新埔派出所，巧遇同鄉張沅兄，他欲請我吃飯，因部隊還沒有進食，就謝了他。訓練結束後，我團進駐五股鄉五股坑。

在五股，我們三營各連是駐在一個山溝內，是克難營房，為了展開連上的各種活動，我建議連長（朱金峰先生軍校畢業）在山坡的一塊平地上修建一座中山室，這座中山室後來發揮了極大的功能。那一年初秋，一個強烈颱風來襲，我們在睡夢中，忽然聽到雷鳴似的滾動聲，那是高地上的泥石流順著山溝而下，全營緊急疏散，我連的中山室成了避難所，這是最值得安慰的事。在五股和八連的連指衛道正兄相結識，他是抗日名將衛立煌將軍的親任，為人熱情樂觀，我們在工作中互相支援，他後來也調師司令部，我們成為同僚，也是好友。

## (三)調師政治部

是年底，奉調師政治部工作，駐地在中壢中學，部內同仁以北方人和東北人居多，他們都非常豪爽正直，我們相處很快就能融入。我到部不久，主任王寶雲先生即將屆齡退伍，部內同仁在一家餐館設宴歡送他，我算為迎新，但我堅持參加歡送。王主任是東北人，一副有學問的長者像，他的家人都隨軍來台，因此在致詞時，他風趣的要同人們早日成家立業，席間令我感受到大家庭似的溫暖。

在部內，我和同學丁傑兄、邱天鵬兄同在一個單位，那是一段愉快的時光。星期六的夜晚我們可以歡度週末，外出散步或者和幾位同仁小聚。那時中壢鎮上的國民大戲院是最好的去處，在那裡我欣賞到費雯麗主演的「魂斷藍橋」及「翠堤春曉」、「夢幻曲」等經典影片和音樂片。有時乘火車至台北市逛街。最難忘的是有一次，幾位愛好籃球的同仁，我們乘坐吉普到台北「三軍球場」觀看美國「歸主」隊和我方「七虎」隊的籃賽，當時三軍球場雖是一座簡陋的露天球場，卻是大家心目中最風光的地方。球賽後，衛生連孟指導員請我們吃消夜，一隻烤鴨去了他一個月的薪餉（約新台幣七十元）。那年春節，我們未婚同仁在一起包水餃過除夕，大家有人擀麵皮、有人包餡、有人下水餃，人人動手吃的分外高興。

## (四) 戍守金門

四十三年五月，部隊奉命戍守金門，我師負烈嶼（小金門）防務。部隊乘海軍中字號登陸艦駛往，在航行中與船上政工官黃綏民學長（一本）相遇，他請我在官廳相聊，同學情誼分外親切。抵達金門水頭碼頭後，看到光禿的山嶺，黃沙土地，田野種植的高粱稈，幾疑來至西北黃土高原。我曾寫過一篇「金門初旅」，抒述當時的感想。按金門的土壤並非黃沙地，我後來在小金門的庵頂看到十幾株高大綠樹，詢問當地父老，據告金門在鄭成功收復台灣時，因造船把樹木砍伐殆盡，這十幾株是未伐而留下的。

在烈嶼的日子，初到時有度日如年之感，沒有報紙（運補船到才能帶來若干天報紙）、沒有電燈、沒有收音機、音樂…總之有種寂寥之感，看到以前部隊在牆壁上寫的「堅苦卓絕」四字，殊堪自勉。天氣晴朗在無風無浪的海象下，到海邊戲水，是最大樂趣，有時同仁們湊份，買來剛出水的黃魚烹煮，配以金門九龍江酒廠的高粱，確為一大享受。

在小金門，當時沒有營房和地堡，各單位都分散在民宅內，工作協調上雖有些不便，但很快地就緊張有序地進行各項作業。當時中央很重視戰地民情和輿情，其中有一件關於「中興」牌與「克難」牌香菸的故事，值得一記。按當時部隊配發給官兵的香菸，一種是「中興」牌，供中低級軍官和士官兵吸用，另一種「克難」牌，是專供高級軍官吸用的，於是就有了「大官不要中興，小兵不要克難」的流言，這種語言如任其傳播，就會有一定程度的負面影響。我和天鵬兄研究後就以特殊問題反映，很快地就獲得處理，以後香菸配發一律用同一種品牌，不再因差別而生歧見。

## (五) 九三砲戰

民國四十三年（一九五四）九月三日下午，一陣咚咚的雷鳴聲，接著呼嘯而來的炮彈轟轟爆炸，頓時風雲色變，這就是聞名中外的「九三炮戰」。師司令部所在的湖下村落彈數千發，那時島上尚無防禦工事，大家只能跑到山邊岩石下躲避。當晚，師長召集師司令部同仁，下達備戰命令，要求大家今晚保持高度警覺。是夜，冷月淒清，到處斷垣殘壁，硝煙瀰漫，四野寂靜無聲，一番戰場景象，令人肅穆。我和天鵬兄臨時奉命編製戰地報導，我每天到通訊連收聽中廣新聞提要，到參三蒐集炮擊狀況，並向各單位採訪官兵英勇事蹟，編製一份八開新聞報導，命名「長城戰報」，以鋼板刻字油印出版，甚受好評。這項工作直到支援前線的原裝甲兵部隊調撥本師的龔燮兄接辦，我們才告歇手，感覺很有成就。龔兄後來一手包辦編採和刻鋼板，也頗有成效。

金門炮戰期間，後方的勞軍和慰問物資源源不斷運抵戰地，我們政治部同仁都要忙著處理，讓基層官兵很快分享。但有件事令我們敬佩難忘，那時經國先生和俞大維部長經常來到戰地巡視，慰問官兵，但我們師司令部從來沒有為他們辦過一次酒宴和晚會招待，他們都是走到那一個連隊，就和官兵們在一起吃飯，連隊也不須為他們加菜，他們一邊吃，一邊詢問，並當場解決問題。尤其俞部長看到戰地防護掩體不夠，很快調撥了鋼筋、水泥等建材，讓部隊自行建成很多地堡，使部隊安全得到保障。

我部在調防大金門山外後，不久，金防部辦理短期召訓，在調訓命令中要求參加人員必須在受訓前應熟讀有關教材，並寫作書面心得。我受命承辦這項工作後，鑒於我們長城部隊向以貫徹命令著稱，於是就要求各單位務必嚴格執行，並實施赴訓前檢查，事後評鑑結果，我部是防衛部調訓各部隊中唯一全員遵照命令寫作書面心得的部隊，贏得防衛部高級人員的一致讚賞，認為長城部隊貫徹命令果然名不虛傳。這是我認同部隊優良軍風展現團隊精神的一次成功表現。

## （六）淡水受訓記趣

在戰地，經過幾次作業，圓滿完成任務後，政治部主任讓我和天鵬兄於四十四年九月返台受訓，這項訓練是國防部在淡水海濱的沙崙飯店舉辦的。在百餘位受訓同學中，天鵬兄遇到他的同班同學趙肅莊學長，她是眾多綠葉中的唯一花朵。她告訴我們，她在調訓名冊中看到一位名「蘭芳」的學員，以為是一位女性，她可以有伴，結果發現這位曹蘭芳學長，是位男性，也是我們幹校一期本科同學，我曾把這件事當面向曹學長提起，引得大家哈哈大笑。曹學長後來更名伯一，是政大博士，曾任政大東亞研究所教授、所長，考試院考試委員，是當時的一件佳話。

在淡水受訓時間約一個多月，我來台是搭乘空軍 C-46 運輸機，返金時乘坐防衛部的交通船，這船遇到六級以上海浪即不能航行，時值東北季風季節，海峽風浪滔天，我們乘坐的船一出馬公港，收到馬尼拉美軍電台的氣象報告有六級以上海浪，就立即返港，因此停留馬公近十天時光。當時在船上既無聊又不能離船太遠，於是港邊的理髮廳或茶室就是最好的消磨時光去處，當地理髮小姐都很年輕，修面、挖耳手藝精良，坐在椅上享受輕柔的撫摩，確為一大享受，亦為美事一件。

## （七）戰地生活雜記

在烈嶼，間歇性的炮擊，最令人感受威脅。有一次，一位經理連的年輕士官到師部打籃球，運動後就在政治部附近民宅旁的水井邊沖浴，一邊輕快地唱著歌，一群炮彈呼嘯而至，他的歌聲還飄浮在空中，人已被炮彈破片擊中倒地，這件事頗令我們感傷，但戰地就是這樣的殘酷！

我們在工作之餘，為求在炮擊時有安全之所，因此為要做個人的防護掩體而勞動，各自在山壁間挖掘洞窟，以便藏身居住，以至司令部附近山壁上下左右出現許多洞窟，宛如千佛洞。雖然後來駐進地堡內，居住環境獲得改善，但當時的權宜措施，仍有些人因洞窟內的潮濕而引起風濕症。

戰地生活是嚴肅而緊張的，不過也有輕鬆的一面。我們師政治部同仁，在長夜無聊時，大家學會下圍棋，圍棋也是當時勞軍品之一，我們不是二人對弈，而是一大群人，自動分成兩個陣營，各自在一邊叫嚷「叫吃」，主弈者反而大權旁落，不管誰輸誰贏，大家與高采烈之情，確是真情流露。

部隊移駐大金門山外村後，師政治部與軍部康樂隊及光華福利社為鄰，康樂隊裡藝人群集，如王熙棟、苗天、陳君天、王慕光、沙靜修諸先生、小姐，後來在影視界頗具名氣，還有陳菲（陳金勝）先生則為國劇名小生，我們駐在的民宅客廳，當時成為大家聊天聚會之所。像作家公孫嬿（炮兵營長查顯琳）就是常客之一，查營長曾在天津著名的南開中學畢業考進軍校，非常健談，他的筆名很有女性味，據他說這是有紀念性的。

我們的另一芳鄰光華福利社食堂，內有多人來自台北某些大飯店的主廚，這些大廚們多半喜愛賭博和吸毒，被臨檢判刑後送到前線「充軍」，軍部把他們調到食堂讓他們發揮所長，像食堂的招牌菜滷味小拼盤、酸辣湯就不同凡響，那時我們部內同仁用餐六人一桌，有時就用「抽大頭」方式（一人為大頭出錢較多，三人為小頭，一人跑腿，一人白吃），去食堂購買招牌名菜佐餐，味美價廉，食後齒頰留香，令人回味。

令我同情又感佩的是金門戰地人民，他們同我們一樣飽受炮火威脅，但他們沒有堅固的防護設施，為著生活每天在戰地裡辛勤勞動，只因他們生長在這個烽火島嶼上，過著無可奈何的戰爭歲月。

金門古稱浯江，宋代大儒朱熹曾在此任教講學，島上的主峰太武山氣勢雄偉，是兼具山川之美與人文之盛的島嶼。太武山上有古剎海印寺，我曾在工作之餘與同學好友丁傑、邱天鵬、王恕民、李明儀諸學長及張子漢排長（子漢為馬尼拉亞運一百一十米高欄得牌選手）登臨觀賞。因戰火及交通不便，很少人來此，寺中幾無香火，但寺僧數人仍照常功課，真可謂「做一天和尚撞一天鐘」了，令人起敬。

## （八）一次值得稱許的夜行

民國四十五年（一九五六）八月，我部調防回台，駐林口下湖基地整訓，初返台灣，部隊官兵情緒反而急躁難安，這可能是一種心理失調現象吧？這時部隊適時成立了康樂隊，我們加強了各種文康活動，經常赴部隊巡迴演出，有時和其他部隊的康樂團隊交流演出，對於士氣的提振頗有助益。

我個人對自己的心理調適，是利用假日去台北市看畫展、逛書店，或則獨自一人前往桃園吃小館、看電影以調劑身心。有一次因貪看夜場電影，竟錯過最後客運班車，當時尚無計程車，也無其他交通工具，唯一的辦法就是投宿空軍招待所，可當天因吃飯看電影花費得口袋見底，因此想到把手腕上的手錶解下到當鋪抵押，以便得款進住招待所。但當我走進當鋪的門帘，下意識的想到那些抱著家當送當或竊取的贓物入當的影像，立即退出門外，當下決定絕不開這個送當的先例，於是鼓足勇氣，在星光下獨自夜行走山路回營，途中經過車禍死人的地方，一時毛骨悚然，但我大踏步向前，子夜一時許始返抵營區，感覺是一次值得稱許的夜行。當時台灣治安狀況良好，此後我在苗栗大坪頂、在左營海軍軍區都有過多次獨自夜行的記錄，可謂年輕氣盛吧。

## （九）主辦講習班被評列優等

我師進駐桃園更寮腳營區後，民國四十六年（一九五七）的夏季，國防部指定本部辦理「三民主義講習班」，召訓部隊優秀官兵參與講習。我奉宋芳振主任之命負責籌備辦班事宜，當時的主管科長倪慶裕先生和我初步研商辦班構想後，即放手讓我全力規劃並自行管制進度。首先我洽借了省立中壢高中為班址，利用暑假期間辦班，並在計畫中研擬了幾項創意：1.在課程教學方面⑴每晚就寢前廣播課前題要。⑵重要課程如「國際情勢」等製成掛圖或統計圖表，張掛於通道走廊，名曰「時事走廊」以增進了解。2.訓導活動方面⑴製作幻燈片如「大陸風光」簡介，配以田園交響樂曲及解說以供學員欣賞。⑵舉行籠球比賽活動，使學員全員參與。⑶舉辦趣味問答文康活動。⑷開辦服務台。3.生活設施方面，協調本師營務組、工兵營、通信連等單位全力支援⑴調派食勤高手辦伙，供應美味營養三餐。⑵開設給水設備，供應冷熱水淋浴。⑶設置多線電話裝置，使學員和原單位連繫無阻。另在調訓作業方面，辦理三期，每期全員報到，無一缺席。故我師辦理的成績，獲督導單位聯勤總部評鑑為最優。

此次辦班成功，應歸功於本部各有關單位的全力配合和支援，本部倪慶裕科長、張伯銘主任和劉書德兄、預官陳鑫先生（師大畢業）、傅君（師大體育系）及服務台楊玉英小姐等人的通力合作。我因統籌辦班事宜，每日睡眠僅四、五小時，致肺部出了一點問題，蒙師長陳玉玲將軍予我記大功獎勵，並令我休假一個月。因此就到二哥好友儲守成兄處休假。

儲兄當時任教嘉義縣瑞里國小，乘坐阿里山森林鐵路小火車至奮起湖站下車，還要再走兩小時山路方能到達。那裡真是一處人間仙境，清新的空氣、滿山的翠綠，午後一片雲海浮現，夜晚星空燦爛，在此休假享受靜謐的夜晚，酣睡到天明。不過山上既無電燈，也無電話和收音機，也無報紙，只有在午後有販賣豬肉的商人，吹著海螺，打破山村的寂靜。有時我和儲兄向其買一隻豬腳放在煤炭爐上燉煮，俟熟透後分食，肉香味美到口即化，是為另一種享受。不過我只住了兩週，即因不賴信息不通，此外沒有帶書來閱讀，甚感無聊（儲兄每日為孩子們上課，生活可能有所調節），就告辭儲兄下山。到台南二哥處住了一週，他那時在陸軍四總醫院任職，在他那裡和序廷兄我們三人看了一場電影，吃羊城小館，在度小月宵夜，也看了王藍的「藍與黑」和狄更斯的「雙城記」，日子過得很愉快。順便也請醫師照了一張X光片，發現肺部病灶已經鈣化，就提前銷假回部。

## (十)「庫倫」兵棋推演代師政治部主任

我休假返部後，晉升上尉官階，接辦政戰參謀作業和綜合業務，是項工作以每年的年度校閱最為頭痛，我必須匯整各部門的工作，所幸尚能應付。在政戰參謀作業方面，此一時期各種演習頻繁，年底，參與歷時一週的「咸陽演習」，此次是實兵演練，部隊在台灣北部山區行動，師指揮所設於鶯歌山區的蔡公堂小村落，人員露營在個人的小帳蓬內，我每日睡眠不到五小時。有一次夜半回到帳蓬，打開軍毯，幸運的是我帶了手電，照射之下，毯上竟滿布狀似蜈蚣般的蚰蜒，當時真嚇了一跳，只好把軍毯拿到空曠處抖落掉小蟲，再回到帳蓬內照常安睡。後來我們使用石灰灑在營帳四週以防蟲害，用鵝糞可防毒蛇入侵。

次年三月，參加軍團的「庫倫兵棋推演」，歷時十天。歷經這二次演習，使我在參謀作業方面有所精進，戰術認知方面亦有所提高。尤以後者是由艾靉中將主持，周中峰少將任裁判長，有多位軍師長參與，可謂將星雲集，我是唯一的上尉軍官代演師政治部主任。事先，我熟讀作戰構想，並把「美軍指揮參謀作業程序」揣磨得很熟練。我覺得這套作業程序對參謀的構思有很大啓發性，以「狀況判斷」而言，它列舉的參考事項和狀況考慮事項羅列周詳，且具有邏輯性，使我深感興趣。誠如艾中將在演習結束後講評所言，「良好的參謀作業，可以使指揮官做出正確的決定」。

五月間，赴新竹參加軍政治部舉辦的政戰高司演習，各師政治部科長以上人員參加，我為承辦人員必須參與是項演習。演習結束後，軍政治部總結這次演習得失，交由各單位研討。我就總結內容，提出若干補充意見和建議事項，獲得主任王樹權將軍講評的嘉許，他對其它單位僅對總結作字斟句酌文字修正，很不以為然，並嚴加斥責，這使得我部面上有光，幾位科長也對我刮目相看。

## （十一）參與夏陽計畫作業

民國四十七年（一九五八）六月，奉派參與「夏陽計畫」作業。地點在左營海軍軍區內，我代表師政治部隨古今參謀長與司令部各參暨特參人員至軍區報到。此次共有若干部隊和海軍六四兩棲特遣部隊共同作業，是一個頗具規模的登陸作戰計畫作業。

我們先行聽取主辦單位的任務提示後，本師即依據作戰構想，積極展開布署，並就各部門有關事項進行資料研究，制訂有關措施，每日由古參主持會報，各部門分別報告進展狀況並就協調配合事項予以檢討。古參在會報中特別強調，此次作業應本實戰要求，千萬不可以為祇是紙上作業。我們於完成師計畫初稿後，即召集所屬團級單位人員來此進行相應作業。在此作業時間，約有兩閱月，師長陳玉玲將軍和政治部郝副主任成璞都曾來此慰問。

我對於此項作業，自覺收穫甚多，本部各參如參二周俠少校、參三謝定民少校均為優秀參謀，我從計畫作業中對戰術構想有了深層次的了解，並就協調配合方面取得相關的認知。另外，對兩棲艤載方面從中學習了相關程序和方法，這於日後應用在搬遷運輸方面常能得心應手。

計畫作業已近完成時，美軍 G-1 顧問來訪，他特別詢問了政工計畫狀況，並介紹說，一件兩棲作戰計畫為時至少一年，諾曼第登陸作戰計畫就是如此。他對我們只用短短的二個月就能完成計畫作業，表示驚奇，其實就是懷疑。我也向他說明了計畫中的難民處理問題，我特別強調，難民人數的估算，是參考美軍民事軍政府處理該項作業的數據，再依據戰區人口和作戰時日推算出來的。至難民處理偵詢部分已列入反情報計畫，所需救濟物資如口糧，則正式向後勤單位提出需求並獲正式答覆，這部份的物資數量和噸位數，已列入參四艤裝計畫內。他對此深表滿意。

是年八月廿三日，金門發生震撼中外的「八二三砲戰」，台灣陷入多事之秋，部隊的戰備工作更是緊張忙碌。次年（一九五九）夏陽計畫作業組再赴高雄燕巢鄉某營區進行修訂。期間遭受暴雨，台灣中南部釀成「八七水災」，我們返部時火車不通，係自西螺接駁至台中再乘車回部。

我對古今參謀長深表敬佩，他是廣東人，原本僑居南美秘魯，抗戰時回國從軍，戰術修養深厚。他後來調升總政治部政三處處長，我調國防部時，常和他相遇，他在上班的日子就住在總統府後方的宿舍內，常邀我至其住處泡茶聊天，袍澤之情，深受感動。

## （十二）「八七水災」重建英雄的產生

民國四十八年台灣發生八七水災，中部地區受創最重，本師奉命調駐苗栗地區，協助重建事宜。部隊分駐台中、大甲、彰化等地區，官兵全力為受災地區整治河川、堤防、道路以及民居整建、淤泥清除等，工作至為辛勞艱苦。是年底某日，參謀總長彭上將乘座直昇機巡視災區，於大甲溪堤防附近降落時，目睹一位上尉連長正挑著土方自堤防上出現，當時氣候嚴寒，而該連長滿頭大汗，彭總長對該連長帶頭勞動深表嘉許。為鼓舞士氣，我奉命即刻辦理該連長的克難英雄專案選拔作業，於廿四小時內，完成英勇事蹟蒐集、資料編撰、通過選拔及評審程序，限時呈報，使該連長當選年度克難英雄於元旦日接受表彰。同時我並請民運單位衞道正兄協調苗栗各界於英雄返防後，再次接受歡迎、歡宴，然後送其返回部隊，總算達成像暴風雨似的任務。

## （十三）青邨研習意外收穫

部隊於完成重建任務後，再次進駐后里基地接受「前瞻」訓練，民五十年初部隊自台灣南部向北推進，然後進駐龍潭地區。我於是年四月間奉調參加青邨訓練班的一個月講習。

青邨講習的方式很特殊，它採取書院式教育，早晨沒有升旗、早操讀訓之類的活動，而以「靜思」讓大家沉澱思考，除重要課程講授外，以分組討論或辯論方式加深學習者的認識。在訓導活動方面，它讓你以在高階層的觀點來檢視自己服務的單位並考核自己的長官，這種方式，其實正是考驗你對服務單位的忠誠度，考驗你對自己長官是否做了公正的評價，真正被檢視的正是自己。我覺得是很有創意的考核方式。

這裡的三餐伙食辦得非常好，住宿方面四人一間宿舍，房舍整潔、環境幽靜，工作人員的態度誠懇用心，因此這一個月的講習，給與我很好的印象。

班裡的重頭戲是結訓前的分組座談，每二十人一組，於每日晚間舉行，由班主任甯將軍親自主持。我們這一組幾乎都來自各野戰部隊，當第一位學員發言開始，提出在部隊服務時間太久，希望能調整服務單位或更換工作環境後，後面發言的學員幾乎是同聲相求，我看甯將軍的臉色有些凝重，於是在輪到我發言時，我卻慷慨陳詞，對部隊當前的虛偽造假之風提出意見，因我對每年一度的業務校閱感到非常煩瑣，大家做不到的事，在文書上寫得冠冕堂皇，但真實情況可能是虛假。所以我在報告前特別申告，我的話當講不當講，經主持人說「但說無妨」，故我就若干事實做了上述陳述。這時甯將軍抬起頭來非常鄭重地問我「你是否也造過假呢？」我在回答時考慮到如果我說從未造假，就有點矯情了，如果說也在造假，豈非自打嘴巴？也是一時福至心靈吧，我說「我祇是加強了業務」，這句話沒有說謊，也沒有承認做過假，因此引得主持人的大笑，也化解了緊張的氛圍。在座談結論時，甯將軍特別強調楊國生同志的發言非常重要，要求主辦單位立即簽報，並將發出「特別指示」來糾正這股歪風。

青邨講習結束後，接著要回復興崗接受初級班訓練，此項訓練是晉任少校的必備條件，故部隊讓我繼續受訓六個月。在受訓期間，奉陸軍總部命令調飛彈營服務，這應當是這次研習的意外收穫吧！

## （十四）對長官同袍的感念

離開服務八年多的長城部隊，有點興奮，也有點惆悵。畢竟和在一起患難與共的同袍分別，一時有些離情依依。在長城部隊使我感念的人第一個是我們的老師長張文博將軍，他是陝西人，行伍出身，是一員能征慣戰的戰將，抗戰時子彈打穿他的下顎，所以有「歪嘴巴」的外號。記得第一次見到他時，印證我對五十二軍的「老土」印象，他一臉嚴肅，祇問我做什麼工作，要好好幹，要嚴格執行命令等話語。之後，在一次慶生會餐會上坐在他的身邊，他很和靄的端詳我說，「你到師裡來，身體健壯多了」。我回說：「是，吃得好，睡得好，工作也很好」，他笑了。在金門身處戰地，他光頭一拍，「同志們，我們立功的機會來了」，他那種無畏的氣慨予人很大信心。他對我們編印的「長城戰報」很重視，也很鼓勵。

有一次，我因夜間加班，沒有參加早會，他拿著軍棍走進我們住的民宅，軍棍用力的向地下一敲，「這還得了」！老陝的口音嚇得我趕忙起床，他命令我到他辦公室前集合，我去時已有數人站在那裡，他逐一詢問為何不參加早會，我報告因昨夜趕辦公文加班，他走近我看了一眼說「眼睛紅紅的，是加班了，趕公文固然重要，身體也要注意，回去罷」，師長就是這樣一位帶兵帶心的人。我在淡江唸書時，一天和曾任師通信連連指的孫家鼎兄（他退伍後在淡江工讀）在城區部門廳聊天，師長已退伍多時，這次陪同他的愛女來校註冊，看到我們非常高興，知道我們也在讀大學，他一再說，早該讓你們來唸書的。送他離校，看著他佝僂的身影，真是「將軍白髮，廉頗老矣」啊！

師長雖然是行伍出身，但為人正直，不搞小圈圈，對部下一視同仁，在小金門戰地，生活雖然緊張艱苦，但我們士氣昂揚，他那種樸實的領導作風，使我懷念和景仰。

我第二個感念的人是邱天鵬兄，他和我同從幹校分發到三十四師，我在連隊一年後調到師部和他在一起工作。天鵬兄是福建上杭人，台北名校建國中學畢業考進幹校新聞系，他為人正直耿介，嫉惡如仇，在小金門戰地和他同住在一個地堡內，他結婚早，有探眷假，每次回台後返駐地，都會帶些殺蟲劑、清潔劑之類的用品，使我們住的堡內清潔無蟲害。有次我在粵華福利社買到英國貨毛線，但小金門無人會織，他帶回交他令妹崇英小姐替我織了一件毛衣，我都不知道該買些東西謝謝她，但天鵬兄也從不提這件事。最使我感動和欽佩的是有一天中午，對岸對我方發動炮擊，落彈點正是我們司令部所在地湖下村，那時有一位七八歲左右的小女孩，正在民宅邊遊戲，天鵬兄奮不顧身衝上前去，抱起小女孩跑回地堡內，這小女孩是師長羅重毅將軍女兒，她隨母來此「眷探」。炮擊時不知躲避。天鵬兄救了這位女孩沒有去向師長表功，我想他是出於愛心，他自己的女孩和小女孩相仿，他是推己及人吧！

冒著炮火是需要莫大勇氣的！他後來調陸軍總部工作，曾經為我安排調職，但須取得部隊同意，那時宋芳振主任不讓我走（他對我的考績是全陸軍上尉階評敘的第二名）。我們直到退伍後，我在人事局上班，他在台灣產險公司任襄理，我們才常見面，總以為來日方長，所以見面時寥寥數語即各自回家。後來在一次同學聚會中得知他已病逝，非常震驚，多年好友的喪逝，使我非常難過。

另一位讓我感念的人是倪慶裕科長，倪科長是東北遼寧人，曾在偽滿學校就讀，但其愛國情殷，國軍光復東北後，他即投筆從戎參加我軍，歷任連營指，後調升師政治部科長。他有東北人的豪放，做事很負責，我在他科內工作，祇要我提出的構想，他認為可行，就放任我去發揮。需要對外協調、就去找他，和他在一起工作極為愉快，我辦理三民主義講習班成功，科長的支持是重要因素。我調離三十四師，不久他也調海軍陸戰隊，後升任陸戰隊政戰部少將主任。民國八十年（一九九一）左右，三十四師政治部在台北同仁有閻樹桂、張炳林、楊贊淦、王德綏、龔燮、李漢如、蘇尚斌諸兄常在一起聚晤餐敘，科長亦已退伍自中壢前來參加，大家在一起如同兄弟。民國八十二年（一九九三）年，台北國家戲劇院上演由湖北京劇院新編的「徐九經升官記」，由復興劇校當家老生葉復潤演出，觀眾爆滿。散場後，我步出劇院，竟巧遇科長，他看到我非常高興，拉著我從中正紀念堂廣場到信義路一路滔滔不絕。他對當時的當局也是黨主席的李登輝竟和日人司馬遼太郎胡扯「國民黨是外來政權」的談話，義憤填膺，我完全同意他的看法，祇是看到他的怒火，就勸他不要為此傷了身體。我送他上車回中壢後，即未再見到他，後來聽樹桂兄相告，科長已中風不治，那次的相遇，竟是最後的一次。樹桂兄是東北吉林人，台北成功中學畢業考入幹校二期，亦為我同學好友之一。

令我感念的還有很多長官、同仁和好友。但也有一位使我難忘的人物，那是我們在小金門時的頭頭。他到部不久，就擺出他的官威，有一次一位新到職的科長帶著一堆行李和箱籠，這位頭頭竟要我把這一堆東西扛到山上的地堡內，我裝著沒聽到掉頭而去。嗣後在會報中，他指責我抗命，這是一種很嚴重的指控，我當即告以你下的是不合理的要求，你只顧到科長的尊嚴，竟毫不顧我的尊嚴，我當然拒絕接受。他被我的話說得啞口無言，冷笑數聲。但他的官運很好，因一件特殊問題，竟因此升官發跡。但此人擅用權術，我敬而遠之。

## 六、飛彈群飛揚的日子

民國五十年（一九六一）七月間，我尚在政工幹部學校初級班受訓，奉陸軍總部命令調任飛彈營少校組訓官，十一月結業後方到新職單位報到。飛彈部隊在我國軍制史上尚屬一種新興的科技兵種，官兵素質較高，軍官幾全部為各軍事學校或理工學院正期畢業者，士兵均為高中畢業程度，部隊自有另一種文化特質。營長張德溥上校，軍校畢業，他精明幹練，英語流利，強勢領導讓人自然信服。營指余仲文中校，剛自國防部調任，我來營報到後，發現營、連單位中有很多同學、同事，助理營指任金鵬少校為我同期同學，政工官袁應生上尉、各飛彈連連指傅承洪上尉、防空分隊劉泰階上尉均為我在三十四師的同事也是前後期同學，所以雖在新職單位，熟人熟事很快就能融入，至為愉快。

當時營中還有美軍顧問人員與我方人員相對辦公，托洋人之福，我們每間辦公室都有冷暖氣空調設備（當時台灣地區公私機構尚少有此設備），浴室有柴油爐供給熱水淋浴，顧問團在營區設有Snackbar，我們也可用廉價喝到香濃咖啡和蘋果派之類點心，聖誕節時營區的舞會更是熱鬧非凡。此外，政府對我們的副食品供應，每人／日增發豬肉二兩，因此每餐有紅燒肉或獅子頭或炸排骨之類佐餐，營養十分良好。營區的康樂設施也很完備，有籃球場、網球場、乒乓球臺，那時台灣剛成立電視公司，我們營區就有電視機、有大型音響設備，我從野戰部隊調來此間，簡直是如進天堂，工作情緒自然十分高昂。

在金鵬兄的協助下，我和兩位副營長、營內各軍官很快建立良好關係，我也到各連駐地訪問，瞭解各單位狀況，因此工作推行非常順利。次年，我接到陸軍總部通知，中央單位將來營視察，這當然是我們的榮譽。為展示我們的工作績效，我和營指余中校研究後，決定把年度所有案件、檔案全部調出，分類整理，每案卷宗上做了提要或統計以及成效檢討等資料，以便視察人員一目瞭然。另一方面，製作了彩色幻燈簡報（這在當時尚屬新穎），並請營長張上校主持。中央單位一行二十餘人，在國防部、陸總部相關單位人員陪同下來至營區，視察完畢後，視察團領隊表示非常滿意，有多位長官連聲稱讚我「難得」！俟視察完成，我帶領他們到附近飛彈陣地巡視，引起他們極大興趣，他們一行沒有接受招待，就乘興告辭而去。這是我來營後第一次展現的成果。

當年（一九六二），飛彈部隊擴編，成立群部，營長張上校調升指揮官，營指余中校調升群政治處長，我奉調群部工作，金鵬兄升任第一營營指。次年我部舉行定名「神箭演習」的防空飛彈試射，這也是該型飛彈在美軍基地外的首次試射，引起各界的重視。這次試射結果，二發均命中目標，是一次成功的任務。為慶祝此項任務的完成，群部準備舉辦「神箭之夜」慶祝晚會。我和第一營營指金鵬兄負責籌辦事宜。這次的晚會，我們決定改變台下排排坐，觀看台上人員載歌載舞的表演形式，而以在戶外（當時為夏季）以夜總會形式呈現，一方面可享用自助餐、飲料、欣賞表演，一方面可以自由交談、聯誼，以增進官兵和外界來賓的友誼。

「神箭之夜」當日，我們令勤務人員把籃球場的二座球板架移至營區馬路中間，用松枝燈彩搭建了一座「凱旋門」，使場地壯觀起來，在球場搭建了一座音樂台，為樂隊與表演者的表演區，球場及馬路上掛上彩色燈飾，設置了餐桌、椅，每桌上利用汽水瓶下半截，裁成燈具，繪成各種圖案，黑夜中點上蠟燭，氣氛分外柔和。此外，由顧問團支援，從菲律賓空運來的「七上」易開罐汽水、可樂（當時台灣尚屬缺如），以B.B.Q.為主餐，配以各式水果。那美麗的燈彩、豐富的食物、醉人的音樂，那場面可以說是盛況空前。晚會結束，由某兵工廠支援的焰火彈照耀在夜空，賓主盡歡而散。

這次晚會，主要是協調軍友社及有關單位的大力支援，所以花費並不多。可是發生了一件不愉快的事，請來支援勞軍的中廣公司歌星紫薇小姐發了很大脾氣，她認為是來參加勞軍晚會，不是到夜總會唱歌，這對她是很不尊重，我和營指金鵬兄親赴該公司向紫薇小姐道歉並解釋這場晚會祇是在形式上做了調整，讓參與者能夠輕鬆不拘，大家相互交流，樂隊和表演者可以同樣和大家在一起暢飲敘談，方使她稍稍釋懷。這件事也可以說是上了一課，我們在辦事方面必須顧慮周全，方能圓滿。

是年九月，我奉調國防部服務。在飛彈營和群部服務時間僅有二年，這段時間和長官、同仁間的相處合作良好，工作推展順利有成果，生活上更感受到舒適和愉快，這是我軍旅生涯中的一段黃金時間，我稱之為「飛揚的日子」。

## 七、在三〇九單位工作和學習

民國五十二年（一九六三）九月，我從陸軍飛彈群調國防部「國軍學術總會」第四組任職，本會對內稱為「三〇九單位」。我的辦公地點正是以前來此參加講習的「青邨」，此番前來，有「前度劉郎今又來」之感。不過身份不同了，以前是學員，現在是參謀。我們組區分為兩個單元，一部分負責資料研究分析工作，一部分負責幹部短期講習任務。我擔任研究分析工作，同時在召訓學員講習時兼任輔導人員。因此新職工作和以前的職務完全不同，每天接觸很多書刊和報紙，這使我視野廣闊，眼界大開，我很慶幸能有此機會在工作中獲得新知，從新知中充實自己的學養。

「學然後知不足」，我覺得必須努力充實自己，方不負在高司單位擔任重責。我剛到部時，「夏令時間」仍在實施中，由於我們屬機關辦公型態，作息時間依照行政單位規定行事，到下午一時就可下班，我乃利用這段時間，每天下午到位於植物園內的中央圖書館看書，中圖採中國宮殿式建築設計，內部為四合院，藏書極為豐富。我就史學和政治學方面，從錢穆的「國史大綱」、楊聯陞的「國史探微」、到黑格爾的「歷史哲學」，從薩孟武的「政治學」、到蕭公權「中國政治思想史」等作有系統的閱讀。夏令時間結束，我利用假日前往，獲益良多。

民國五十三年（一九六四），教育部在黃季陸先生主政下，令各大學開辦夜間部，招收已服兵役或無兵役義務學生就讀，我因到部未久，未報請正式入學，乃在淡江文理學院城區部（當時在延平南路）選修四學分英文，無課時，到附近中山堂前「朝風」喝咖啡，聽古典音樂。有時晚間到空軍新生社看大鵬劇團的京戲，那時徐露小姐是大鵬當家旦角，排出的新戲如「梅玉配」、「紅梅閣」、「玉簪記」等都非常叫座。身心獲得調劑，工作至感愉快。

此時和高郵同鄉也多有往來，承表親吳際明先生之介，認識很多臨澤來台鄉親。有一年春節後，他邀請了夏美馴先生和李樹人、陳有為、顧貽蓀、徐作球等諸鄉長和我在他家春敘，一片鄉音，共話故鄉舊事，至感親切。我們另有一批年輕同鄉有談論（縣中同學）、孔緘三、方藹華、顧文琴、張焱、楊澳、范衡山等諸兄姊，假日常在同鄉長輩王城先生家聚晤，那時大家都還未結婚，王大爺（大家對王城先生的尊稱）把我們這批人視作家人，他這種愛護同鄉青年的襟懷，實在令人敬佩。他於民國八十三年病逝，我曾在治喪會為紀念他寫的事略中特予頌揚。

在同鄉中也發生了一件令人扼腕的事，同鄉某君也是和我們由高郵縣政府鄉鎮工作隊一同參加新軍來台的同仁，他自入伍生總隊出走與其父在同一單位工作，後來調來台北某單位任職，此時遭人檢舉，指其背景不單純致遭軍方羈押。這件事我們事先並不知情，有一天，我服務單位的組長找我至其辦公室，他很鄭重的告訴我，剛才保防指導組來電，要我即刻到該組有事相詢，組長關心的問我是否有事？我告以不必擔心，因為在當時到保防單位是一件極其敏感的事，大家避之惟恐不及。我至該組後，由一位上校接待，他很客氣的請我坐下後，第一句話就問「你是否認識某某」？我毫不遲疑的答覆「認識」。接著他就詢問相識的經過，我一一解答後，上校要我用書面把認識某君的經過以迄最近的情形，事無巨細都在書面中交待清楚，我並在最後的結論中，竭力為其證明從未發現其做過不法之事。上校仔細閱後笑著對我說「辛苦了，請回去吧」，我回到辦公室，先向組長陳先生報告了經過，他也很高興的要我照常辦公，並囑不必相告其他同仁。由於我在書面資料中，把我從縣訓所到鄉鎮工作隊以迄入伍生總隊的經過解說得很清楚，因此我們各同鄉雖在不同單位，大家都相安無事。但遭羈押的某君最後竟因曾參加共黨兒童團被判了重刑。他後來被特赦出獄，和大家照常往來，不幸因病過世。台灣解嚴後，他獲得冤獄賠償，同鄉張焱兄協助其家屬來台領取了一筆不算少的賠償金，總算其身後使家屬受惠，他在另一世界應該得以安息了。

在三〇九單位，有二位好友也是同期學長，一位是徐繼顯兄，他那時在助理書記辦公室，我們接觸較少。繼顯兄於退伍後在行政院秘書處任簡任秘書，我在人事局時常和他見面，我推崇他總是做我的上級。另一位是張景增兄，我們曾在母校和初級班二度同學，他的令弟貫忠兄和我在美術系同班，我們之間有這些關係，感情自十分融洽，他多次邀我到他府上共餐，其夫人任教職，與我同姓，廚藝精良，且又善彈奏鋼琴，家庭生活美滿溫馨。景增兄長於寫作，曾獲國軍文藝金像獎，為人風趣幽默。有次，我參加國防行政人員特考，放榜日他打電話給我道賀，講了很多恭維話，最後他說自己也考取了，我大叫你給我的恭維話我要全部送你，我們彼此大笑。景增兄不幸英年早逝，深為惋惜。還有一位同仁黃立清兄，他在二組服務，當時在師大夜讀，我們在博愛大廈時，常在一起聊天，一別多年，因我退休後，在登山運動時和他常在虎山溪相遇，承其多次送我保健養生資料，深為受益。

民國五十四年（一九六五）九月，我奉命至政工幹校高級班受訓，這是母校辦理業科各系補修學分的最後一個梯次，受訓時間將長達九個多月，衷心感謝三〇九單位的長官和人事主辦單位，讓我有機會得以返回母校補修學分。次年六月完成學業返回原單位，此時我們奉命併編入總政治部。

在三〇九單位，長官和下屬之間的關係非常親和，同仁之間也都很友善親切，這裡沒有官僚氣，就像三〇九單位的文書，是在台機關中最早用口語化書寫和使用標點符號的單位。我在這裡工作數年，深感榮幸，也至為愉快。

## 八、高司幕僚

三〇九單位併編入總政治部後，而總政治部也改組稱為「總政治作戰部」，我奉調為本部第四處中校政戰參謀官。作為一個高司幕僚，我當然謹慎從事、努力工作。由於我們辦公作息是屬機關形態，下班後的時間可以充分利用，此時我尚未成家，我在三〇九單位時已報奉核准入淡江大學夜間部攻讀，乃一面工作，公餘進修，此期間工作形態多樣，日子過得很充實。

## （一）率同研究組人員部外作業

我的工作仍賡續前在三〇九單位的研究任務，此時原來在研究組的歐陽廣明中校、甘積熙少校等均已離職，新加入的有趙子祥少校、李妙梅中尉和雇員顧謀莉小姐。我們四人搬遷至台北市衡陽路「博愛大樓」內辦公。本大樓一樓原租賃給一家皮鞋公司，二、三樓為軍人之友總社，四樓至七樓為三〇九單位。這時因三〇九單位併編，辦公室清空，軍友總社也搬遷至其新建大樓，整棟大樓除一樓由憲兵警衛外，僅有我們研究組在內辦公。

我們四位同仁當時都在夜校就讀，我在淡江大學、子祥兄在世新大學、李妙梅小姐在美爾頓唸英語、顧小姐就讀銘傳商專，我們下班後都要各自奔赴學校。好在辦公室在市中心，搭乘公車非常方便。博愛大樓官司定讞後，我們研究組也須搬遷，以利國有財產局處理。因此我們先搬回青邨，再遷至迪化街與「新中國出版社」為鄰，三遷至介壽館（總統府）內，每次搬遷，各種資料、圖書、書櫃、辦公桌椅以及文具用品等都要裝箱搬運，此時我運用了在左營夏陽計劃作業時學到的艤載方法，把所有箱櫃編號，按其平面所佔面積尺寸，在新駐地事先依前述所需面積予以定位後，再依最後位置先發原則依序搬運。擔任搬運的人員是簽請總務局所派遣勤務連士兵搬運，鑒於這些士兵年紀稍大，搬運時上下樓梯辛苦，我特別簽請二份誤餐費給他們並自備香煙飲料送給他們以慰辛勞，這種搬運作業至介壽館部內辦公室時，為處長劉戈崙將軍目睹，他對此大為讚賞，也獲得他的嘉勉。

劉將軍是河南人，但說得一口純正國語，他的能力極強，對同仁工作要求標準高，處內同仁對他十分敬畏，但他對我從未疾言厲色，可能我一向自我要求也高，做事不致令他不滿吧？

我們研究組搬回部內後，子祥兄調國安局工作，後來升任少將處長。李妙梅中尉辭職，她後來結婚，夫婿是常來電話的黃中校，也就是日後升任陸軍總司令的黃幸強上將。顧小姐自銘傳畢業後從商。我們研究組的工作後來分散到總政戰部各處，這個研究小組也宣告結束。我們四位同仁在一起工作的情誼，彌足珍貴。

## （二）參與戰情值日

本部戰情值日是由部內有關單位參謀官輪派擔任，採二十四小時制作業。如此也就有和部內有關處人員相互認識和交流的機會。值勤中也有些樂事，有一年的春節除夕，我被輪派擔任除夕到大年初一的值勤，除夕夜，當時的主任唐守治上將特別交待為我們值勤人員備了一桌豐盛的菜餚，餐後每人一份年糕和一隻大蘋果，令我們十分開懷，這個春節雖不能和親友在一起，卻是十分的愉快。

也有些事讓人感到無奈，有一次台北各大報章報導一則金馬前線的消息，這件事在事發當時我們即經查證原委並非如報導所述，我也先行報告處長瞭解。但當日一早，部內某副主任臉色鐵青質問昨夜值日人員為何不立即報告，我即告以按事件的真實情況，依規定不需即時報告，他不信有此規定，走進戰情室，我指著牆壁上的有關規定，他看後一直說「要改」！但最後並沒有修正有關規定。

另一次夜間值勤，那天外島電話特多，因雙方對話均使用密語，致折騰了一夜，幾乎徹夜未寐。次日交班後，我從介壽館四號門走向對面博愛大廈用餐時，當時可能未注意來往車輛，遭到一輛疾駛而來的機車橫向撞飛在地，所幸我經常運動，反應還算敏捷，撞飛落地時，自動以「五點」著地，頭部未碰到地面，承值勤憲兵即時攔車護送我至三軍總醫院（現市立和平醫院院址）急診，經醫師初步檢查後，要我留院觀察一天。

我當時意識尚屬清醒，交待憲兵不必扣留肇事人，祇覺除頭暈目眩疼痛外，腦部有激盪之感，因此力持鎮定，默唸定靜安慮之句，竟自入睡，醒後自覺已走過危險。後來二哥和灝侄等家人以及處內同仁分別前來探視，經一夜觀察無嘔吐現象，醫師讓我回宿舍休養一週。在休養期間，蒙本部總務局長劉空軍中將代表總長賴上將前來慰問，並致送水果，使我非常感動。劉中將很重視本部同仁福利，經常親自督導餐廳伙食，是一位很有責任感的長官。經此事故，日後我對交通行走十分小心。

在戰情室，和我在一起值勤的同仁，有多人後來升任軍中要職，其中以當時政三海軍監察官後來升任海軍總司令、國防部副部長的伍世文上將最為顯要。我在人事局服務時，有一次代表本局參加國防部的會議，會後餐敘時，承伍上將尚能認識舊時同僚，曾前來與我握手致意。

## （三）參加二次參謀旅行

國防部在民國五十六、七年間，特舉辦參謀旅行活動，此項旅行分若干梯次進行，每一梯次約四十餘人，行程五天四夜。第一次我參加了中橫公路旅行，一早搭乘軍機飛抵花蓮，然後乘金馬號大客車行經文山、梨山、霧社及日月潭等地。參觀了榮民艱辛闢建的公路，憑吊紀念築路犧牲者的長春祠、靳珩橋，參觀銅門發電廠、大甲溪開發工程、榮民福壽山農場及向霧社抗日英雄碑致敬等活動。

第二次的行程，乘軍機飛澎湖，參觀了當時稱為亞洲海上第一長橋的通梁大橋，訪問了馬公港、漁翁島，然後再乘機飛抵嘉義水上空軍基地，轉乘阿里山森林小火車至阿里山鄉，訪問了原住民。阿里山鄉原為「吳鳳鄉」，據說原住民們對吳鳳故事頗為不滿，後來改為今稱。

這二次旅行，增長了我們對國家經濟建設的瞭解，也豐富了我們對鄉土的認知。我們也採集很多民情資料，實地瞭解地貌變遷的狀況。此項活動深具意義並有益於日後工作。

## （四）薦送政大東亞研究所進修

民國五十九年（一九七〇）五月，中華民國國際關係研究所函請本部推薦人員入國立政治大學東亞研究所進修，當時主任羅友倫上將在各處薦送名單中，圈選了我一人薦送該所。

政大東亞所設在台北市木柵區國際關係中心內，除招考國內外大學畢業生來所研究外，並保留部分名額供有關機關中從事相關研究人員入所在職進修。我依規定提出大學在學成績單及研究計畫等資料，報經國際關係研究所審核後，該所以（59）智略字第一〇七九號函核定參加進修。是年九月，我入所註冊，成為該所在職班第二期研究學員。進修期間，除上課時間得以公假計列外，其它時間須回部辦公。所方於每學期末，會將成績單送部，以供查考。（有關研究所進修情形參見第參章十一節）

## （五）主辦高階人員情資閱讀

本部執行官王上將有鑒於法務部調查局資料室庋藏大量內戰及抗日戰爭時期與敵鬥爭的文件和資料，（按李安導演的「色戒」電影，即取材該部前身中統局和日寇鬥爭的故事。）為加強國防部高階人員的對敵鬥爭認識並增進鬥爭技術，責令本處負責主辦資料閱讀事宜。本處處長劉將軍指定我負責主辦該項任務。我於奉命後，立即發文各聯參及本部各處，調查上校以上軍官參加資料閱覽班人數，同時並協調調查局以瞭解可供閱覽的文件和資料種類、性質及數量，此事承東亞所同學張澤民學長（時任該局專門委員負責資料管理督導工作）的大力協助，他讓我先行篩選具有參考價值的書籍、文件、資料若干種，我加以區分類別後並先行試閱，以正常閱讀速度計算所需時間，得出這些數據後，我即擬好構想向處長報告，取得他的同意。

各聯參單位報名參加資料閱覽班的人數，意外的踴躍，其中有多位助理次長參加。我在計畫作業時，依人數區分為若干個梯次，每一梯次依資料類別區分為三個組，並依資料、文件字數，使每人分配到的書籍文件閱讀所需時間大致相當，三組輪換，每一梯次為五個上午，以專車接送。我在時間的控管方面相當準確，故閱覽過程非常順利。事後根據問卷調查，大多數人員對資料的選用和提供以及時間的安排，都非常滿意。另據調查局負責與我連繫的陸君相告，該局沈之岳局長對國防部的參謀作業非常讚賞。沈局長於全部閱讀完成後，特在其局內餐廳以外燴福州名菜宴請參與閱讀人員和工作人員，餐後放映該局珍藏的紀錄片，讓大家滿意而歸。這次的任務感謝調查局全力配合，算是圓滿達成。

## 九、退伍

民國六十二年（一九七三）間，我從政大東亞所完成學業後，我的中校年資已有七年，在這七年中，個人的感覺是有得有失，得到的是從大學和研究所獲得的學養和知識，而這些並沒有讓我有所發展；而失去的是工作績效上應有的升遷機會。事實上，我在學期間，從不因學業而貽誤公事，相反的我常為趕辦要公或處理急件以致缺課，期使任務完成，我自認我的工作績效是優良的。但我們工作部門的一位頂頭上司，其為人胸襟狹窄，他吝於對我工作的成就表示嘉許或讚賞，時常為細故對我迭迭不休，有時實在不堪其擾，而我對這樣的人物也從不願屈從。另一方面，我也體認到我之久任一職不得升遷，不會獲得周圍同仁的同情和支持，他們總以為我已有了學歷上的報酬，對於我在工作上的努力，在公餘進修的辛勤付出，是不會作公正評價的。因此，我仔細分析，與其這樣的耗下去，不如自請退伍，另謀他圖。

當年，國防部辦理員額評估，我於是在七月間提出「依額退伍」申請，不巧的是處長劉將軍正於此時調任駐外顧問團團長，接任的為諶處長，他看到我的報告有點不悅，他請我去他辦公室對我說：「我剛上任，正要借重你的協助，你要退伍，豈不讓我為難？」我想他可能誤會我的意思，因此就把我的處境毫不保留的向他陳述清楚，取得他的諒解，但他不願批這件報告，謂將陳請執行官王上將核定。這件事延至十一月間始有眉目。一天，王上將找我去見他，但他僅問了我一句「這件事（報請退伍事）你考慮過沒有？」我回報「已考慮過」。不久，奉核定以中校功一加六待遇退伍，自六十三年三月一日生效。我在部工作至年底即可不必上班。

在離部前，我一面把移交的事務交待清楚，一面將處存參考用圖書資料依照中央圖書館圖書分類法建立本處圖書資料目錄，供同仁參用。是年（一九七三）底，下班前我行至二樓大禮堂向國旗及國父遺像行最敬禮，然後步出介壽館。

六十三（一九七四）年三月一日正式脫下軍服，結束了二十四年又十個月的軍旅生涯。在這漫長的日子裡，我用血汗和智慧締造的功績，獲得忠勤勳章一座、優績、弼亮、景風、寶星等獎章多座、國防部服務紀念章和陸軍榮譽徽各一座，記功、嘉獎數十次，保持未受任何懲處的紀錄，我光榮的自軍中退伍。

# 伍、公僕生涯

## 一、公僕前傳

### （一）一段在大陸任公務員的經歷

民國三十七年（一九四八）六月，我從高郵縣政府訓練所結業（見第參章八節）被分發到縣府地籍整理處任職。惟因母喪，與兄長們料理母親喪事後又因感染時疫，在家療養一段時日，乃於七月底到處報到。我在地政班係以第一名結業，據所方稱，我應優先佔有正缺，我們結業八人中，當時正缺委任登記員僅有三人，這三個缺已由有關係者捷足先得，我僅能以雇員進用，這是官場給我第一個惡劣印象。

地整處編制有地籍股、登記股和測量隊，我在登記股。記得我第一筆登記的資料，是高郵城內永清寺的土地，該寺曾以有隕石聞名。寺院土地面積甚廣，我們依據測量單位丈量過的資料，經地籍股審核後登記，並製作土地權狀。此外，尚須輪派到城廂近郊訪問已經土地丈量或尚未丈量的地主，宣導實施土地丈量和建立地籍資料的政策。辦理此項工作僅有三個月，蘇北局勢日趨緊張，縣府成立「鄉鎮工作隊」，徵調年輕職員入隊，表兄陳序廷已在該隊任職，因此邀我二哥鳳來和我一道加入該隊。隊長傅先生為軍人，副隊長馮在仁先生四川人、大學畢業，工作隊承辦有關軍民合作、軍隊副食品供應、市民安撫、市場秩序維持等事宜，以肆應情勢需要。隨著局勢惡化，次年初，縣府隨軍撤至省會鎮江，隨即奉命編併入保安團，我因此離開縣府，結束了這八個月的短暫公務員經歷。當年地方公務員都不經銓敘，致未能併計在日後的公務人員年資內，但這段經歷，使我在軍職退伍後，重回公務人員的行列時，有「貫徹始終」之感。

## (二) 二次公門求職碰壁

我自國防部退伍後，因具有公務人員特考新聞行政及格資格，亞公師當時正自駐外大使回外交部任主任秘書職，因知我既有考試及格資格，又自大學外文系畢業，適當時該部需用行政人員，於是主動與廖大使仲琴師共同推荐我至外交部。我之很高興接受此項安排，是因進入該部成為正式職員後，就可以不受年齡限制，參加外交官、領事官特考。（當時該種考試必須在三十五歲以內，而我已四十二歲，雖距退休限齡尚有廿餘年，但即無報考資格。）不久，即接外交部人事處函知，歡迎進入該部，並通知攜相關證件面談。但自面談後即無回音，事後獲悉，此一職缺，因另有很大背景人士所推荐者角逐，因此該部長官在考量後裁示，該部行政人員進用，需具有外交行政考試及格資格，故此事成為我第一次求職碰壁紀錄。

另一次，為某公立學院需進用組長一人，有在該院任職之好友，通知我前往應徵，我赴該院後，即由該院有關主管命我當場寫自傳一篇、申論文一題及毛筆書法一篇，經評審合格後，院長召我面談，她很坦率的說很願錄用我，她知道我曾自幹校畢業，因此示意我請王化行先生推荐。我因在報請退伍前化公曾詢問我對此事考慮過了沒有？我回報已考慮過，如為此事再去求他推荐新職，豈非自討無趣，況且我從不走後門找人關說，因此我向院長告以無法辦到，故此事成為第二次碰壁紀錄。

## (三) 進入人事行政局的因緣

在經過前述二次求職碰壁後，我曾在一所私立學校教書，民國六十六年初參加公務人員人事行政人員特考，幸獲及格，當年四月間即接到通知入公務人員訓練班受訓，結業後，即被分發至台北市政府任職。經市府人事處周處長面談後，派我在該處任免科任職，惟職缺為第五職等，周處長坦誠相告，市府六職等缺很少，但經任職後會得到調整。我當時因自我侷限，認為一位國防部中校參謀官退伍，自視在部內尚非泛泛之輩，竟只能從委任官開始，內心難以接受，因此即拒絕報到就職。此事承蒙人事處楊麗明科長二次到我宿舍勸我上班，均被我婉拒。

我後來在人事局任企劃處副處長時，顏秋來先生來接處長職，他笑著對我說，「我是追隨你的腳步喔」！我連忙謙說：「豈敢」，顏處長繼續相告，當年他高考分發市府，即接任我在市府未就職的那個職位，這真是「人生何處不相逢啊」！秋來兄學識廣博，智慮週詳，故後來甲考及格後在行政、考試二院任職，曾任銓敘部常次，現任人事局政務副局長。

我未到台北市府任職的事，在一次我到二哥服務的財政部台北支付處時，為該處馬駿處長知悉，馬處長指點我可向人事局方主任秘書請求改分發，因他與方主秘相稔，知其為人。因此我寫信向方主秘報告實情，並請求改分發，不久果接方公電話，約我來局一談。我遵囑到局後，方主秘交葉倫芳科長（後升任僑委會參事）出題，命我即席寫一篇新聞稿。因當時接近端午節，又逢連續假期，我即以端節為題發稿，配合十項革新要求，重申過節不送禮、不受禮規定，並希望同仁利用節日假期多與家人相聚，營造節日安祥幸福的家庭生活。這篇新聞稿經葉、吳二位科長認可後送陳方主秘核閱，方公始與我面談，並允我可到局任職。不久我接到人事命令派任為「中央公教人員住宅輔建及福利互助委員會」薦派組員（當時住福會為以簡荐委制任用單位）。適人事局將成立退撫制度改革小組任務編組，我由住福會調派本局主秘室支援該小組作業。

我與方主任秘書毫無淵源，亦無有力人士推薦，竟讓我以薦任職務到局服務，使我衷心感激。回憶到局之初，有些同仁以為我與當時的局長在國防部的關係而被引進，其實正因他要撇清這種說法，我本有機會任高一級職務，反而遭到抑壓，可謂未蒙其利，反受其害。

## 二、從基層公務員做起

我就任公務員，雖爭取到以薦任官進用，但職位仍是基層的組員，一個年近天命之年的人與年輕剛出校門的同事們在一起，雖然能感受到年輕人的朝氣和青春活力，但畢竟不屬於同年齡層的族群，我常自我調侃，官卑職小，不敢言老，故祇有抱著「韜光養晦」的自我修持，凡事不與人爭鋒，做事決負責到底的態度，默默工作，因此在局內與長官同仁們相處尚能和衷共濟。我要感謝主秘方公及後任趙主秘其文（後升任銓敘部常次、考試委員）、陳副局長炳生、許副局長毓圃的先後指導，深覺受益良多。我的科長王玉種兄，他雖然比我年輕許多，但我們在一起工作，他常能尊重我的意見，不擺官架子，我們後來成了很好的同事和好友。但有時也會遭到些無謂的懊惱，某一次，有一位以前在軍中的同事（我當少校時他還是個上尉），他來局開會，那時已是某部會的簡任十二職等主管，他看見我坐在一個小科員的位置上，走過來說了一句「你也在這兒啊！」沒有寒喧也不是問候，逕自大剌剌的走過。十年後，我們在行政院的一次會議中見面，他仍是簡任十二等是非主管，我已是簡任十一等主管，我想起明代陳繼眉「讀書記」所述崔湜與張居正的故事，聊以自遣。

從基層職做起，最大益處就是充分瞭解工作的細微末節，對日後的高層工作就能掌握重點。我在局裡工作，因績效從薦任視察、科長、升專門委員。復蒙卜達海先生的信任延至局長室任機要職及支領主管加級的簡任秘書職。使我有機會接觸到本局各單位公務處理思維以及其管控方式，對人事工作有了全般性的體認。繼任的陳局長庚金先生更調任我為企劃處副處長職。我和兩位長官也從無淵源，我自基層憑工作績效逐步升遷到局內高級主管，因屆齡而退休，深感榮幸。

## 三、在人事局的重大工作紀要

作為一個人事人員，要做「公僕的公僕」，堅持依法行政，依法用人固屬重要，但服務的心態更需要有熱忱和抱有為人作想的同理心。我在局主辦的工作，就是本著本局倡導的「顧客導向」服務觀念，以提高行政效率方面為重點。我在各個階層所做的工作，其中較為重大並具有影響以及有重要意義者，簡述如次：

### （一）參與退撫制度改革方案的前期規劃

民國六十八年（一九七九），人事行政局即開始研議退撫制度改革方案，當時由方主秘立人主持一個任務編組，參加這一任務編組的成員由本局各有關處副處長和相關科長、專員及主秘室專門委員及本人和精算師等參與。這個小組曾開過幾次會，檢討現行的退撫法規，咸認退撫經費所佔人事費用過高，應將退撫經費由政府支付的「恩給制」朝向由政府與軍公教人員共同提撥基金，由基金給付的方向進行作為改革構想。當時經初步精算結果，一個公務員自付部分約需月俸的百分之九，以當時的待遇衡量，負擔確實過重，因此在研議中建議逐步調整待遇，使公務人員有能力支付退輔基金為先務。

此項方案，後經本局多次邀集有關機關並聘請學者專家研議，提出更具體方案陳奉行政院核定送請考試院審議，終於在八十四年（一九九五）經修法公布施行。使退輔經費擺脫政府年度預算的羈絆，而退撫基金也成為國家財政的重要工具，我有幸參與早期的改革規劃，深覺與有榮焉。

## （二）籌辦本局成立二十週年局慶並推展社團活動

人事行政局係依據「動員戡亂時期臨時條款」第五條之規定，於民國五十六年九月十六日成立，故是日定為本局局慶日。民國八十二年十二月三十日「行政院人事行政局組織條例」完成立法程序，奉總統令公布後，本局仍依前述成立日為局慶日。

民國七十六年九月十六日，適逢本局成立二十週年，為了首次慶祝本局生日，局長卜達海先生指示我本著「不舖張、不浪費」原則，負責策劃籌辦局慶慶典事宜。我和秘書室、人事室、會計室主管同仁研商決定，以動員局內同仁展現才藝為主軸，並以靜、動兩種形式呈現局慶的歡愉氣氛。在靜態部分，舉辦同仁（眷屬）書畫、攝影作品展及同仁收藏珍品（如集郵、奇石、盆栽等）展。經積極發動後，參加者非常踴躍，經初審後，分別陳列布置於本局大禮堂及川堂展示，作品內容可謂琳瑯滿目。此外，並發動本局各社團舉辦社團活動成果展示，要求各社團負責人儘量蒐集活動相片、海報，獲獎獎品以及各種器材設施等，經裝飾布置後，亦一新同仁耳目。在動態部分，於慶典儀式後，除由合唱團、瑜伽社等作專場表演外，並以處室為單位，由同仁展現才藝表演。這兩項活動展開後，發掘了本局很多具有才藝專長的同仁，殊為可喜。慶典的最高潮，為由當月壽星同仁與局長共切蛋糕，當音樂聲響起大家齊唱「生日快樂」歌，滿座盡歡。是項活動除邀請各部會處局署及省市府人事主管及本局退休同仁參加外，未對外發布新聞。中午由本局伙食團製作排骨麵，未搭伙同仁及參與慶典者亦同進壽麵，為本局留下生動的喜慶篇章。

經此次慶典活動後，更促使本局各社團積極招兵買馬，展開活動。其中如羽球社、登山社、國標舞研究社、瑜伽社、書畫研究社及橋牌社等日後均有良好的表現，提供了同仁投入正當休閒活動的園地，裨益身心健康。

## (三) 建立重大案件及會議決議管制追蹤執行要點

人事行政局對於重大案件（包括院會提示、立監委質詢），在公文收文後於分文前即需先行提陳局長初閱，於分交有關單位承辦後即行管制，是項管制方式，最重要的就是定期追蹤，檢查執行進度，稽催辦理，使案件不致在執行流程中遭到擱置或存查處理。

對於會議決議及局長在局務會報裁示事項亦同樣採取管制追蹤，主辦單位須於下一會議提報上次會議決議執行情形，未完成者繼續追蹤，務使貫徹實施，故本局的會議決議，從無議而不行的情事。

對於外界給局長的來信，我們亦視同重要案件列入管制，並限期函復，對案情複雜事項無法立即函復者，先以簡便行文表告知處理情形，俟有結果再正式函復。此項管制追蹤的方式，提高了本局公文處理速度，增進了行政效率，並使外界對本局服務有良好評價。我因建立該項執行要點的成效，獲局長記功獎勵，並為行政院研考會列為民國七十八年的「管考楷模」，獲當時該會主委馬英九先生致贈獎牌一座。

## (四) 實施公文管理資訊化

人事行政局公文管理資訊化作業構想，是以公文管制為優先，將總收文作業、處室處理作業、簽稿收發作業、總發文作業全部建立系統，使作用於公文管制、查詢、稽催及時效分析等功能。在民國七十八年研議之初，當時各機關公文管理資訊化以新竹科學園區管理局最早實施，此外 I.B.M. 公司也研發出公文處理系統，我曾率本局有關人員前往參訪，由於本局公文處理流程與前述單位不盡相同，因此乃決定自行研發。當時本局資訊室有一位陳系統分析師，她和我每天以半天時間面對面研商，我把各個環節的登錄過程與其一一解説，她即做好程式，再和我確認，我再指定一個單位先行試辦，經驗證功能良好，乃於民國七十九年底簽奉核定全局實施，成為各機關自行研發並實施公文管理資訊化的先行單位，實施情形非常良好。此項公文管理資訊化之實施，對於本局行政效率的提昇，有立竿見影的效果，我因此獲得本局記一大功之獎勵。

## (五)推行行政革新方案

行政院為貫徹推動「行政革新方案」，責成本局於八十二年九月規劃舉行「行政院主管人員推動行政革新研討會」，本處即積極規劃邀集院屬各機關簡任第十二職等以上主管及相當職務人員及院屬一級機關人事、政風單位主管參加，各部會行處局署及省市政府首長亦應邀參加，會中聽取有關單位專題報告，並展開熱烈研討作成結論，由各機關納入具體實施計畫，積極執行。

為擴大行政革新宣導，本處並規劃多場次研討會、座談會，除邀請學者、專家及民意代表等提供意見，並邀集中央與地方公務員代表共同參與，以凝聚共識。此外並與主要媒體合作，舉辦行政革新有獎徵答，文宣作品評獎，並在南北地區如國父紀念館等場地舉辦行政革新成果展示，蔚為行政革新風潮。行政革新是一項與時俱進，經常執行的工作，必須楔而不捨的推進，我在宣導方面多方策劃與督導，獲得記功獎勵。

## (六) 處理工友精簡問題

為推動各機關事務勞力替代措施方案，本局經多次邀集有關機關及學者專家研商，重新釐訂工友員額配置標準，廣泛使用現代化事務機具，改進工友工作分配等措施，以有效運用人力。此一方案實施後，引發海關工友反彈，因海關通關作業量，隨經濟成長與日俱增，惟員額不足難以負荷，很多單位乃進用工友，以工代職以應需要。實施工友員額配置後，工友勢必精簡，因此海關工友向立委陳情要求本局暫緩實施，八十三年間有數位不同黨派立委率同工友至本局陳情，案由本人接待，我在聽取他們的意見後，乃允至海關實地查訪。經報奉局長核可後，即率同主辦科會同財政部主管單位，至基隆關、中正機場海關及高雄關等單位，深入一線作業處所，瞭解實況。

由於以工友代職確為海關因應需要之應急措施，如立即令其工友依員額配置標準辦理，對海關作業及工友處理均有窒礙之處，但工友精簡案亦應貫徹執行，在權衡得失後，作了以下建議：1.海關關員應依實際需要酌予增加，限制繼續以工代職。2.鼓勵工友報考海關特考。3.代職工友出缺不補，逐次消化。4.年資將屆滿者得予以優退。以上建議經簽奉核定實施，乃使此一問題獲得解決。

## 四、機要職務雜談

曾經有這樣一則笑話，據說當年教育部長黃季陸先生（四川人），一天提早到了辦公室，那時，他的機要秘書還沒有到班，工友又不在，忽然電話鈴聲響起，黃部長拿起電話講了一聲「喂」，對方發話：「部長在嗎」？黃答：「我是不講」（我是部長），對方再問：「黃部長在嗎」？黃答：「我就是不講嘛」！（我就是部長嘛！）對方有點生氣繼問：「你叫什麼名字」？黃答：「我忘記了」（我黃季陸），對方生氣了「莫明其妙」掛上電話。黃部長有點納悶，等機要人員上班，他不禁說道：「你們幹機要的硬是要得喔！我剛接了一通電話就挨罵，你們一天要接多少電話，挨罵了多少」？這雖是一則無稽的笑談，卻說明了機要人員應接電話的煩難。

我在人事局當了二任局長的三年機要秘書，對其中的況味，深有體認。一般指公務人員是「朝九晚五」的族群，意指上午九時上班，下午五時下班的正常生活形態，而機要則相反，通常是「朝六晚九」的上下班生活。因它必須配合首長的行動，早到遲退。

我之當上機要，是因局長卜公對我的禮遇，民國七十九年的歲末，局長在秘書室黃學明主任的陪同下，親來舍下訪問，他親切的垂詢我夫婦的生活情況，並帶來一份禮品給小女，臨離開舍下前對我岳母和內人說：「我要借重楊專門委員到局長室辦公，將來工作可能辛苦些，請妳們多予支持。」其實局長不打這個招呼，一聲令下我照樣得遵命行事，但如此禮遇我當然更樂於受命，更要全力以赴了。

人事行政局局長室有二位機要，一位八至九職等秘書，負責局長行程的安排及有關事務處理。一位十職等以上秘書，負責電話篩接，提陳公文的分辨、陳核案件分輕重緩急送陳判閱以及局長函件處理、參考資料準備等事宜。因此我在接辦後者任務時，人事室在命令中註記為「支領主管加給」的職務。依我個人在這三年的工作經驗，機要人員首重「守密」，局內外各種文電函件都要經過機要之手，如果是大嘴巴豈能成事？其次為「守微」，也就是要細心，必須事事以主官的工作需求與生活行動著想，為他事前做好準備。其三為「守時」，處理任何事項，均必須準時完成，甚至本身就要做主官的時鐘，按照預定的行程及時提請主官辦理，限辦案件要提請主官及時核判。其四為「守正」，幹機要職務，其個人行為舉止會影響到主官的聲譽，不可不慎，故謹言慎行，允屬必要。

當然，各機關機要職務的工作要求不盡相同，有專職為隨從副官者，有專職為主官個人事務秘書者，亦有職司主任秘書任務者。但工作重心均以主官為從屬。

我曾經遭遇過這樣的機要人員，有一次，我去見一位舊日長官，到他辦公室時，我表明身份，表示要求見這位長官，這位機要頭都不抬，隨口說了一句「你等著」！我以為長官在外尚未返回，或正在辦公室辦理要公無法接見，等了一個多小時，長官自辦公室走出時，看見我就說「怎麼不進來」？我不好說甚麼，於是就進長官的辦公室，和他敘話。這位機要的行事作風可能不得人緣，在這位長官病故後，他頓失所依，因其未具公務人員任用資格，被貶為技工留任，當然無法待下去了。還有一位任職機要的同事，一副高高在上的派頭，使人厭煩。有一次我簽辦一件有關本單位的新聞，他明知我們所訂的報紙為台北市版，我當然以此為新聞來源依據，但他另有一份它單位提供的地方版載有本局的新聞，依理他應該即時交辦，或則在我簽陳這件案件時，交我併案簽辦，但他採取一種威權式姿態，指責我新聞蒐集不全，害我向這家報社購買多份地方版找出新聞資料後，其實是同一事件，報導方式各異而已，我重簽後，將地方新聞列為附參資料。以上二事均使我深惡痛絕，故我當機要時，常以此為鑑，所幸我在這三年機要職務中尚無隕越，且能不辱使命。

作為一個機要人員，對其昔日長官的公私事務，都應有所保留，但對業已過世的卜公，其公忠廉介的操守，我亦應具實以陳，以彰潛德。我僅舉兩件事，可以看出卜公的為人。其一、他從不把家庭或家人的事務交給機要人員辦理，有一次，其大女兒電話給我，詢我是否認識某校長，她想托我為其中介，事為卜公知悉，當即令我不必辦，我即遵示未作處理，其公私分際大底如此。其二、有某聯誼社函送貴賓會員卡一張，卜公閱後批示：「函謝退回」。據我所知，這張會員卡的入會費所費不貲，但貴賓卡為非賣品，不可轉讓，有使用權並無商業價值，卜公可以留存使用而不受。此外，本局機要室奉示不接受外界或局內人員饋贈的禮品，這一良好作風，我們一直徹底奉行，其景行令人敬佩。

## 五、參與幾次有特色的會議

行政機關為了與有關單位溝通協調或者為了集思廣益，就免不了開會，因此會議之多，往往使人應接不暇。曾經有人這樣的嘲諷過：「某機關因會議成災，有人建議減少開會，報請首長決定，首長批示：「召集有關人員開會研議」，會議沒有減少，反而增加了一個會議。這則故事說明了會議是機關解決問題的重要法寶，自有其必要性。

我在人事行政局工作期間，曾參與過局內外很多會議、會報、會談、公聽會、陳情會以及各種研討會，我覺得如果一個會議在會前能有充分準備，資料完備，當會使與會者言之有物，或者因會議的地點選得適宜，往往可增加會議的效果。我曾參與過幾次有特色的會議，多年後使我仍留有印象。

其一、人事局有一年的人事主管會報，地點是在石門水庫上游的阿姆坪一家會議中心旅館，山光水色使與會者心曠神怡，思慮澄清，效果極佳。由於與會者均須在會議中心住宿一晚，晚間活動增進與會者的情誼交流，使次日的議題意見易於集中。雖然餐飲住宿花費較多，如果議題重要，選擇在山明水秀之處，是個不錯的決定。

其二、人事局為了和考試院銓敘部保持密切連繫，於民國七十六年舉辦「部局會談」，每月一次，由部局輪辦。我曾有幸主辦過此項業務，當時會談係由銓敘部政次和人事局副局長共同主持，各司、處長參加，會談內容由有關司處就人事法制問題以及法令解釋歧異案件，提出討論，會議不作決議，大致均能達成共識，充分發揮了溝通功能。

其三、我曾參加法務部在馬英九先生主政下召開的一次協調會，地點在台中女子監獄內，該女監受刑人多半為煙毒犯，那次會議我們目睹了監所管理人員的工作實況，這個會等於是現場會議，所提出的方案，當然易有結論。

其四、行政院研考會曾經在宜蘭棲蘭山莊舉行過研討會，會前曾利用一個上午參觀林場的神木群，這些古老的樹木都以年代遠近，被賦予歷史人物之名，如孔子神木，代表它已有二千五百多年的樹齡，如杜甫神木，代表它已有一千三百餘年的樹齡。我們繞著神木在山林中上下行走，等於登山健行，在會議前做了健身運動，使身心舒暢，有益健康，與會者自然精神旺盛。

其五、研考會魏鏞主委舉辦的「政策規劃研討會」，選擇在萬里海濱一家大飯店內，會中安排了多位企業家來此報告，他們在企業經營過程中的決策得失，啓發了我們政策規劃的思維，效果非常良好。尤其在晚間的星光座談，不是歌唱跳舞，而是大家說出自己最得意的事或最糗的事，我們從與會者的故事中分享他們成功或失敗的經驗。記得有一位與會同仁說出一則糗事，他說，有一位女同事，身材修長亭亭玉立，但她平日喜愛穿著褲裝，如西褲、七分褲、牛仔褲等。一天，她換穿短裙，露出修長美腿，他不禁脱口而出：「妳不穿褲子真美」！結果遭到這位小姐的白眼，他說當時他感到很糗。這則故事，被評為很有教育性，第一、說話的技巧，用字遣詞很重要，稍不留意，容易得罪別人。第二、這則故事的讚美詞，引申下去可能就觸犯「性騷擾」，不可不慎。這種活動，頗具心思。

## 六、政大行政管理研究班的同學情誼

我於民國七十六年間，奉核定參加政治大學公務人員教育中心行政管理研究班第八十九期的研習，參加人員來自中央四個院、十七個部會處局署的九至十一職等主管人員共四十人，其中有女性八位，學歷有多位是國內外博士，籍貫則有十四個省市，並有漢、蒙、維吾爾、台灣原住民不同種族，殊為難得。我們在為期十二週的日子裡，接受專家學者的精闢報告或課程講授，把現代行政管理科學做了有系統的介紹，以及華力進教授的「高級行政人員的角色與修養」報告等，深覺受益。本班在每日第一節課後，有咖啡時間，提供咖啡及茶飲並備有點心，同學們藉此建了很好的友誼。

本期同學在學員長蔡定芳學長熱心領導下，定期舉辦餐敘、旅遊等聯誼，對日後於公於私在協調配合上或個人事務上有很大幫助。蔡學長原任職台北市政府都市計畫局長，八十三年市長黨派輪替，他辭退後不久病故，英年早逝，殊為可惜。但我們這期同學，繼續每年輪任學員長，繼續辦理聯誼活動，如陳伸賢學長在經濟部水利署期間舉辦的翡翠水庫建設之介紹，陳義一學長在其台東史前博物館舉辦導覽參觀及餐敍，侯和雄學長在高雄市副市長任內舉辦澄清湖和高雄港區之遊，邱賜聰學長在原能會副主委任內舉辦的卡拉OK及貓空之旅，海中雄學長在蒙藏會處長任內，舉辦的外蒙古之旅及王永興學長在審計部廳長任內，假台電勵進餐廳舉辦的聯誼餐會，這間餐廳是孫運璿院長任台電董座時引進的東北酸菜白肉火鍋，很有特色。由於主辦者的精心籌劃，使同學們都盡興而歸。我們同學間的聯誼，持續到民國九十七年，這是行管班開辦了八十八期以來前所未有的事。後來因同學中大部分均已退休，同學間聚會漸少，但這些聯誼活動，讓我們在回憶中仍覺友誼深長。

## 七、帶領公務人員國外休假旅遊

### （一）奉派率團赴日韓旅遊

人事行政局為增進公務人員國外見聞並寓教育於休閒，調劑身心健康並促進聯誼之效，於七十九年簽奉行政院核定試辦東北亞（日、韓）及東南亞（新、馬、泰、印尼）二地區休假旅遊活動。是年十一月，我奉派帶領東北亞旅遊團赴日韓旅遊。參加人員來自總統府、立法、司法、監察各院及行政院所屬十七個部會處局署計三十四人，其中女性十人。團費為自費二萬元，另由人事局補助每人五千元，（按：休假旅遊人員，須具有休假資格，參加旅遊活動後，其個人休假日數即予扣除。）自11月7日至11月16日，行程計十天。由交通部觀光局推薦的大使旅行社依本局規劃的行程，負責安排並辦理旅遊事務。

## （二）行程及參觀重點

第一天　台北——漢城（首爾）韓戰武器陳列品五一六廣場——六一大廈——華克山莊

第二天　漢城景福宮——龍仁郡民俗文化村

第三天　漢城八八奧運公園——日本福岡

第四天　太宰府——秋芳洞——春帆樓——瀨戶內海遊輪

第五天　大阪城（登天閣）——地下街

第六天　奈良東大寺——京都清水寺——名古屋

第七天　箱根——大涌谷火山遺跡——蘆之湖——河口湖

第八天　東京——狄斯耐樂園

第九天　東京——銀座——新宿（自由活動）

第十天　東京——皇居——東京鐵塔——台北

## （三）旅遊團特色

1. 由於本團行程參觀重點除著名景點外，少有購物等商業行為，而偏重於歷史文物的觀賞，以增進對各該國社會背景的瞭解。如在韓國漢城，參觀了李朝的景福宮及民俗文化村；在日本福岡，參觀太宰府即日本大學問家菅原道真的祠堂；大阪尊天閣為十七世紀武士豐臣秀吉所築之城堡；奈良東大寺為仿唐建築，寺內供奉我國唐代高僧石頭希遷禪師的真身；京都之金閣寺藏有釋迦舍利，日本著名文學家三島由紀夫曾以「金閣寺」一書聞名；蘆之湖畔有日本產經新聞社長鹿內信隆氏在其森林美術館中設有蔣公中正紀念堂等，可增進對中日關係的瞭解。

2. 於參觀喀斯特地質的秋芳洞後，因此地距下關甚近，附近之春帆樓即我國國恥馬關條約的談判地，我特別增加此一行程以作憑弔。樓旁瀨戶內海的小山坡上，面積不廣，陳列當時的談判桌，一邊為大清內閣大學士、總理各國事務衙門、頭等全權大臣李鴻章及其子李經芳等隨員席，另一邊為日本總理大臣、全權大臣伊藤博文及外相陸奥宗光等人席，均依原次序標示。李爵相在此談判中雖曾費盡唇舌，並引來俄德法三國干涉，均未能使日本稍抑其野心，並遭日本浪人襲擊，國力不如人，則人為刀俎，令人痛心。李氏後來一病不起，在病榻上留下一首詩：

**勞軍車馬未離鞍，臨事方知一死難，三百年來傷國步，八千里外弔民殘，**

**秋風寶劍孤臣淚，落日旌旗大將壇，塞北塵氛猶未已，諸君莫作等閒看。**

上述詩中，字裡行間可見其悲憤之情，也警示北方塵氛可能之危害。

3. 瀨戶內海夜航，是最讓大家感興趣的行程，我們於下午六時半登船，在遊輪上進用晚餐，團員們多自備零食飲料以供在船上夜話，凌晨三時船過瀨戶大橋，橋長九千餘公尺，橋上燈火蜿蜒如龍，令大家十分興奮，過橋後始返回各自房艙就寢。

4.此行在住宿方面，均為星級飯店，如漢城華克山莊的喜來登飯店，在日本除夜航乘名門豪華遊輪頭等艙、河口湖為溫泉旅館外，其他各地均住宿於第一大飯店，飲食方面，一半為當地特色料理，一半為中餐。交通方面車輛為全新而舒適，尤其長途駕駛，日本規定為二人輪流，故安全無虞。

5.全團人員均為中央機關公務人員所組成，生活品質有一定水準，且本局編有出國應注意事項，要求注意儀容、言談舉止，故旅遊亦為各人在國外對生活禮儀的實踐。

## ㈣對日韓兩國的觀感

旅遊團在兩國各城市中觀光，限於時間，均屬浮光掠影，難以深入瞭解，但就目力所及，大致有以下印象，他山之石，可以攻錯，我們身為公務人員，看到人家的表現，當然會有所憬悟。

1.韓國漢城（首爾）市區在八〇年代，經濟仍在發展中，人民衣著、市區建築及往來車輛，與現在韓劇中所呈現的文明相距甚遠，但韓人民族自尊性強，全民上下努力奮進，故能很快提昇國力。但其自大狂妄亦隨處可見。

2. 日本人至今對侵華戰爭仍無慚愧與歉咎之心，令人痛恨。但其國民素質之高，敬業、有禮貌的表現，隨處可見，令人印象深刻。茲舉數事：

(1)在太宰府附近所產梅子糕甚為著名，我曾買了一包登上遊覽車，見司機戴著駕駛帽正端坐駕駛座上，我遞上一塊請其品嚐，他堅拒不受，可見其敬業及司機不可隨便飲食的職業道德。

(2)在大阪東急百貨公司，我與新聞局蔣安國秘書同往，蔣君購買西服因需修改，適逢平成天皇登基假期，需二天後始能取貨，我們向其說明次日即離開大阪，該店員即連絡修改人員，應允明日出發前可以送到，次日果準時前來，並一再表示歉意，其服務精神值得稱許。

(3)在東京第一大飯店附近街道，本團團員在路中散步，後面的車輛不按喇叭，徐徐在後行駛，直至有人發覺讓出道路，該駕駛始疾駛而去。

(4)我們在銀座購物，外國人可辦退稅，該處稅務人員見到我們入內，都起身相迎，其禮貌令人激賞。

(5)有學者分析，日人性格具有雙重性，一面謙卑有禮，另一面則兇狠殘忍，也就是崇禮好鬥的性格。這點吾人宜加體察。

## (五) 旅遊團同仁的意見反映

1. 經問卷調查，對此次日韓旅遊感到滿意或非常滿意者高達九成。
2. 認為應改進者為行程安排太緊，如住名古屋市，該市為日本戰後新建築之城市，僅住一宿竟未能一遊。（按是日因日本天皇登基假期，途中車輛堵塞，致延誤時間所致）。
3. 團員因相聚在一起，互相照顧，自然融洽，大家相約日後應互相連繫，建議編印此次旅遊團同仁通信錄。
4. 國外旅遊確能擴大視野，增長見聞，並有增進不同機關同仁間聯誼之效，建議繼續正式辦理，並請增加補助金額及允許攜眷參加。

以上意見反映，均納入本局國外旅遊試辦結果檢討報告。

### （六）公務人員國外旅遊試辦後效

人事行政局對於試辦東北亞及東南亞二地區休假旅遊結果，因廣受公務人員歡迎，爰再簽奉行政院核定，於八十一年正式辦理，並擴大至歐洲、美西等地區，補助金額增為一萬元。至攜眷參加方式，亦於八十二年實施，並改由本局分配補助名額，由各部會自行辦理。

## 八、率團赴英法考察參訪

### （一）率團赴英國考察

行政院人事行政局依八十四年度出國考察計畫，分別組團赴英國及韓國考察各該國地方機關人事制度，俾作為落實我國推動地方自治的借鏡與參考。我奉派擔任英國考察團領隊，團員有教育部人事處廖科長世和、行政院公平交易會人事室廖科長世立及台灣省警務處人事室莊主任清賢共四人，於八十三年（一九九四）

十二月十日啓程飛抵荷蘭阿姆斯特丹，次日轉機飛倫敦，廿二日結束英國考察行程，順道至法國參訪，廿六日乘法航班機返回台北。此行承蒙我國駐英代表處及教育部駐英文化組代為安排考察行程，使考察得以順利完成。

## （二）考察行程

十二月十日（星期六）晚，本團人員於人事局集合，並於當晚搭乘華航班機飛荷蘭，中途於曼谷機場稍作停留，下機至華航貴賓室稍事休息。次日晨抵阿姆斯特丹（時差七小時），下榻海牙 Bad Hotel。

十二日晨乘英航客機飛倫敦，至駐英代表處拜會簡代表又新，下午至教育部駐英文化組拜會劉主任定一，本團下榻牛津街 Mount Royal Hotel。

十三日上午乘火車至倫敦市南方小鎮 Hamp Shire 訪問 RAS 甄選暨評鑑處，由該處經理及二位女士接待，聽取簡報及進行討論。

十四日原訂訪問倫敦都會警察局，因故改期。

十五日赴牛津市政府 Oxford City Council 訪問，由市府人事處主管 Mr. Paul

Walter 在舊市政廳議場接受訪問及交換意見。下午訪問牛津大學 University of Oxford，由大學人事處長 Dr. Owen 及 Mrs. Beverly Potts、接待，就大學職員之特性及聘介方式作詳盡介紹並交換意見。

十六日赴西敏市 WestminSter City Council 訪問，該市為大倫敦市三十二個自治市之首席市，由人事主管 Ms. Jane Cripps 及二位女性職員就人員進用、待遇及福利等問題交換意見。下午至我駐英代表處晤衞組長嘉定、賴秘書銘賢、王秘書保新。

十七日（星期六）參觀大英博物館。

十八日（星期日）上午整理資料，下午赴溫莎堡參觀皇家林園。

十九日上午至 Waterloo 車站乘火車至劍橋市政府 Cambrige City Council 訪問，人事主管 Ms. Hilary Jeanes 親率主要職員接待並作簡報，交換意見。

二十日赴倫敦都會警察局訪問，聽取人事主管 Mr. Cary Steel 簡報警察人事甄選及訓練狀況並交換意見。

二十一日赴英國內閣辦公室 Cabinet office 公共服務處訪問，該處主管 Mr. Tony Port 親自接待並作簡報，交換意見時該處特別強調英國政府官員十年來觀念與服務品質的變革與提昇狀況並與我政府推行的行政革新有若干相符之處，故特予介紹。

二十二日上午赴英國政府出版品經銷處選購資料。至 Waterloo 車站搭乘歐洲之星號直達車，穿越英倫海峽至法國巴黎。會見我駐法代表處文教組卓秘書鳴鳳。參觀奧賽美術館、聖母院大教堂。下榻希爾頓飯店。

二十三日上午赴盧佛宮參觀。會見駐法中華文化中心籌備處主任趙克明先生。下午參觀巴黎市政府，步行至龐貝度文化中心參觀。

二十四日乘車至梵爾賽市參觀梵爾賽宮，下午至蒙馬特，參觀聖心大教堂 sacre caur。是晚為聖誕夜，應淡江同班學長駐法經濟參事李顯兄之邀，全團同仁至旅法華人餐廳晚餐。夜遊香榭大道 Champs-Elysées。

二十五日參觀巴黎鐵塔 La Tout Eiffel。下午至戴高樂機場，搭乘法航班機返台北，次日下午抵中正機場。（是日為星期一，行憲紀念日補假）

## (三) 考察報告

列入八十四年度行政院所屬人事人員考察報告「英國地方政府人事制度及近年來中央文官制度的改革狀況」如附錄三、目錄(全文略)

## (四) 考察觀感與參訪見聞

英國政治能夠安定，健全的文官制度功不可沒。本考察團全體成員能目睹其各種典章制度，均深感欽佩。惟人事制度必須結合國情、民情、社會環境及民族習性等各種因素考量，非一蹴可及，我們一方面必須瞭解時代潮流，一方面要汲取他人之長，以健全我們自己的制度。此次考察，雖時間短暫，但本團全體成員咸認對於新管理觀念之汲取，收穫良多。

本團就行經荷、英、法諸國參訪之便，見聞所及記其較具特殊者，以供參考：

1. 荷蘭海牙附近的鄉村旅館 Bad Hotel 環境甚佳，極目遠眺，沃野平疇河渠縱橫，一片開闊寧靜景象。承經濟部駐荷辦事處張君帶領同仁至海牙市區一中餐廳「天香酒樓」晚餐，主菜為脆皮烤鴨，食之皮脆肉嫩，餅皮軟潤，香甜可口，海外食此美味，深覺難得。當看到滿座荷人全家福來此，則可想見其在當地之聲譽。

2.英國甄選暨評鑑處 RAS 主管及主要職員為我們準備很多資料並以咖啡招待，一個上午的討論及交談，開來的帳單竟為 293.75 英磅，折合台幣一萬二千二百三十二元，大感吃不消。按該機構前身為文官委員會，現為自給自足單位，一場解說按人計費。

3.英國地方政府行政與立法合一，市長為議會多數黨領袖，牛津市政府在其市政陳列室中以其擁有首席權杖自豪。該市府官員讓我們握權杖攝影以作紀念。

4.倫敦近年華人增加甚多，在訪問倫敦都會警察局時，該局人事主管曾與我們討論防範犯罪問題，我們認為增加瞭解，甚屬必要。

5.至英國內閣辦公室公共服務處訪問，該處位於 Whitehall 70 號，即唐寧街 10 號背後，進入該處需登記掛上出入證，穿越多重門户始抵達辦公室。據告，當年邱吉爾首相曾在此辦公，我代表處人員亦見告，我們來此尚為我政府官員首次進入該辦公室，深感榮幸。

6.我們在赴劍橋市搭乘火車，自中央車站 Waterloo 車站至劍橋站無人收票，據稱該站不設站員，但有臨時稽查員，如查到無票乘車，將罰款十倍。

7.劍橋市為一大學城，搭乘計程車時，司機態度極佳（在倫敦市區我們所乘計程車均有禮貌、服務好，代提行李上車），據告該市僅有十八輛計程車，他徵得我們同意，繞行學區一週，兩旁大學、學院林立，校園綠草如茵，池水清澄，一片靜謐。至康河尋徐志摩詩情，奈天已昏暗，不見雲彩。

8.在倫敦歌劇院觀賞 Cat’s 歌劇，圓形劇場觀眾席位在四週，中場休息時，觀眾低聲敘談，彬彬有禮。散場乘地鐵，雖站滿各色人種，但大家都安靜有秩序地上下車。

9.搭乘歐洲之星號火車自倫敦直達巴黎，雖坐頭等車廂，但大件行李仍需自提上下車，實為美中不足。列車將通過英倫海峽時，車上廣播告知乘客，通過海底約廿分鐘，竟毫無異樣感覺，侍者送來香檳，一小時又四十分鐘後即抵巴黎（全程為三小時），可謂便捷。

10.巴黎奧賽美術館為舊日車站改裝，館內展示印象派以次大師繪畫，如米勒、塞尚、梵高等之原作及羅丹之雕塑，進入此藝術殿堂，如入寶山為之心醉。

11. 參觀盧佛宮 La Louvre，觀眾絡繹不絕，見到「摩那麗莎微笑」的原作以及希臘神話的雕塑原作，各國人士都有一種朝聖心情。

12. 在巴黎乘地鐵至盧森堡公園站，我們全團四人對面站立以保持警覺，車將進站時，一青年突然蹲在我們中間似在尋找失物，莊清賢兄似有所覺大叫「幹什麼」？該青年快步下車，車將開動時另一金髮青年送來一只照相機，竟是莊兄之物，可見竊賊手腳之敏捷，但也可見他們是以錢包為標的。

13. 巴黎街頭，有很多吉普賽婦女，以日語向我乞討，我給予一法郎竟然嫌少，我祇好快步離去。

14. 搭法航班機返台，適逢聖誕節，機上晚餐甚豐，有栗子燒火雞、炸小羊排、芹菜汁馬鈴薯、黑海魚子醬佐以葡萄酒、乳酪及咖啡。

15. 班機抵曼谷停留一小時，因下機須攜帶行李，我們乃留在機艙內，機組人員均下機換班，由一泰籍女經理率領清潔人員約三十人登機清理，三十分鐘內清理完竣，其分工之細密、動作之快速，令人激賞。新換班之機組人員登機後，迅即遞來果汁、報紙，但旅客僅儹十九人，商務艙內僅有本團四人，台北航線竟如此清冷！

## （五）考察參訪之行的感謝

我很榮幸，與三位在不同機關服務的同仁一道萬里取經。首先要感謝駐外單位給予我們的大力協助，更蒙駐英簡代表又新和文化組劉主任定一的盛情款待以及代表處王秘書保新、文化組李秘書蜀鄭及李斐瑩小姐的熱心協助。路經荷蘭時，承經濟部駐荷辦事處張文忠先生、在法承代表處卓秘書鳴鳳之熱情接待並蒙巴黎中華文化中心籌備處趙主任克明、駐法經濟參事李顯學長之邀宴，深為感激。

在參訪過程中，本團同仁充分合作，每日均按預定行程準時行動，並在訪問前做好主談的重點和訪問要點的準備，故得以順利完成考察任務。在國外期間，如飲食起居及在搭乘交通工具時，同仁們互相照應，相互尊重，因此得以平安愉快地度過這十幾天，這應該是一份難得的緣分。考察訪問的公餘之暇，我們參觀了名勝古蹟和一些文化藝術殿堂，各自有禮有節，保持了我們公務人員在外的尊嚴。

此行承各同仁分工合作，廖科長世和兄以其個人良好關係，獲得國外友人對我團的協助。莊主任清賢兄負責全團經費管理，事繁任重。廖科長世立兄整理考察資料，更是辛勞備至。世立兄後升任文官學院副院長，可謂長才得展。我謹致以感佩之意。

## 九、退休誌感

民國八十四年（一九九五）二月我已屆退休限齡，奉核定於三月一日退休。此前考試院曾修法將公務人員退休日與學校教師一致，定為每年七月與次年一月十六日為退休日，惟修正條款定為本年七月施行，故無緣受惠。另外亦有人推荐我赴海外僑校執教，亦為家人反對而作罷，故此番退休算是「裸退」。

自二月中旬起，陳局長庚金、許副局長毓圃、歐副局長育誠、鐘主秘昱男暨一級處室主管於台北市靜園餐廳設宴歡送，陳局長並代表全局同仁致贈銀盾一座，各一級主管聯合致贈紀念戒一只；本局各位副處長、專門委員及部分科長等廿二人，於公賣局湘江園餐廳貴賓室聯合歡宴並致贈紀念品；企劃處全體同仁於聯勤信義招待所舉行宴會並致送紀念品，顏處長秋來並另於復興園餐廳設宴相送；此外主秘室全體同仁及住福會部分同仁亦均以紀念品相贈；而主秘室已外調同仁有銓敘部朱司長永隆、國父紀念館張館長瑞濱、中央再保公司林雪涼小姐、台產保險公司黃秀園小姐、人事室聞慧珠小姐等亦共同以名貴紀念品相贈，文建會朱主任劍南、陸委會屠主任豪麟、觀光局王主任德昀等均參與歡宴；另赴英考察團全體同仁更相邀在北海漁村餐敘，本局參事黃海學長亦邀我於西餐廳共餐，均使我非常感激。

此番退休，長官同仁們的盛情厚意，讓我滿載溫馨和祝福而歸，我在感激之餘，亦深自反省。人之相處貴在相知，我服務於人事行政局以來，迄至退休亦僅十五年多，此次局內幾有半數同仁參與歡送，這對我確是很大鼓勵。我自信在做事或待人方面，一向秉持做事負責、待人以誠、不藏機心也不刻意取悅於人為處世宗旨。有一個階段，我負責局內管考工作，雖當時有人反映過於苛刻，但我的出發點是善意的，這點也終獲同仁們的諒解。人事行政局是人事人員的大家庭，局內同仁亦多為人事界菁英，我能側身其中和大家共創我局的榮譽，深感榮幸。在局服務期間，曾因功績獲頒獎章、獎牌等多座及本局記一大功和記功、嘉獎數十次。我要對曾經指導和協助過我的長官和同仁，敬致謝忱。

# 陸、總結與反思

寫成我的回顧，等於把我八十年來自己的所作所為觀照了一遍，其中有痛苦亦有歡樂，有努力不足之處，亦有足資稱道者。我從一個生長在偏鄉小鎮的少年，歷經戰亂不安的年代，走過大江南北，隨軍來到台灣，在此成家立業，可以說如同在大江大海中飄浮的扁舟，隨波逐浪，能夠平安地靠泊港口，亦云幸矣。

我的求學之路，走得十分曲折和艱辛，以一個在小學和中學都沒有拿過一張文憑的人，通過自我進修，考入軍事學校接受養成教育，繼而在高等學府深造，足證我有進取之心，惟愧無重大成就。

在軍中，從一名基層單位的士兵，歷經士官晉任為軍官而進入國防高司單位服務。退伍後，再憑藉國家文官考試資格進入行政機關，從基層公務員洊升至簡任職等主管。在四十多年的工作日子裡，本著廉潔自持、負責盡職的工作態度，雖曾遭遇許多艱難和困苦，終能排除克服，達成使命，並因功績獲得國家勳獎和行政獎勵，並保持從未受任何懲處申誡的紀錄，衷心至感欣慰。但嚴格來說，這些祇能算是一個稱職或者說是夠格的小螺絲釘角色而已，些許的成績，不足掛齒。

我生長於戰亂年代，目睹外侮凌虐，民生凋蔽，自少時即期望中國之富強，民族之振興，愧浮生碌碌，對此貢獻無多。

回首前塵，因為我的愚魯和自我侷限，曾經錯過許多良緣，失去很多機遇，如今一切塵埃落定，我不會為錯過的追悔，也不會為失去的嘆息，對於現在擁有的一切，自當感恩惜福。我曾經讀過這樣的一首箴言：「錢財、權力、地位都不重要，自覺坦然，自覺滿足，已是最美好的人生」。我深有同感。

# 附錄一 懷念父親

父親逝世已經五十年了，儘管歲月流逝，但卻沖不淡我們對父親的懷念。父親去世那年，鳳華以次諸子女，年紀還都在十來歲以下，但就以我們當時能夠記得起的幾件小事，今日追憶再細加體會，就更覺得父親在平凡中的偉大。

## 一、

父親是祖父母五個子女中的唯一男丁，他上有三姊，下有一妹，全家對他的鍾愛和期望都非常之高，為此，祖父慶西公對父親的教養就格外的注重。他的業師車公伯起更是一位謹守名教的嚴師，在他們嚴謹的教育下，父親從小就養成應對進退的規矩，和黎明即起灑掃庭除的生活習慣。因而終其一生，他都在規規矩矩做事，過著嚴謹的生活，諸如豪飲、抽煙、打牌這些消遣，就幾乎和他絕緣了。

## 二、

父親早年曾應府縣的考試，嗣因科舉廢除，才改受新式教育。這些變革，父親都能充分適應，他在兩江高等師範學堂畢業時，曾獲得「涵芬樓古今文鈔」一部的獎勵，可見父親求學時的專注。

父親對家鄉建設事業，也十分重視。民國肇造之初，各種事業都十分落後，因而促使他積極從政。曾任縣參議員、縣學務委員（教育界人士的組織）及水利研究委員會副主任委員等職務，為地方建設事業作出貢獻，如倡導興學提高教育水準以及與修沿運堤防和水閘等建設，都有具體的成果。

## 三、

民國十五年左右，父親遭受一場無謂的紛擾。那時，正是父親經營的滙豐錢莊最輝煌時期，但內部一位經紀帳務的某君因挪用款項而無法歸墊，竟利用當時政治環境的變化，向南京軍事法庭誣控父親，為此，父親在親友的陪同下親赴南京應訊，在法曹的明鏡下，這件案子最後終予不起訴處分。據事後瞭解，那位承辦檢察官在看到父親敦厚和善的面貌和從容應對的言詞後，對案子就瞭然於心了。這件不快的事情，使匯豐錢莊歇業了，也促使父親改變在家鄉發展的計畫，而決心在外做事。

## 四、

父親在蘇州列李公根源門牆三年，那段日子可能是他一生中最愉快的時光。父親和李公相識，是經由同鄉僧人洞庭東山靈源寺方丈洪度上人的介紹，李公很賞識父親的為人和處事的態度，那時有很多名流和學者如章炳麟（太炎）、張仲仁（一麐）、楊暢卿（永泰）、冷禦秋先生等常往來李府，李公都曾引薦父親和他們相識。在名師益友的相互砌磋之下，心性和識見都臻另一番境界。這個時期，他寫了很多詩，曾輯為「立雪集」一卷，現在詩稿都已散失，我們還記得其中的一、二首，如「木瀆鄉居」：「炎天避暑到山家，切藕浮瓜樂事奢，最是晚涼新雨後，青草池塘夜聽蛙」。最能道出他那時恬適、寧靜的心境，他的人生哲學更趨於樂觀自得了。

## 五、

父親在津浦鐵路局供職時，寓居浦口，先兄鳳翔就讀江蘇省立南京中學（後遷鎮江更名鎮江中學），每到假日就過江往浦口伴隨父親。他們常在午後走過江邊馬路，那裡有很多窮苦的老弱婦孺沿街乞討，父親總是把帶在身邊的錢交給大哥分散給這些人，然後步行歸去。記得在我們少小時候，父親也教導我們要憐恤孤苦的人，也從不讓我們逗學殘障人行動的樣子。關懷弱者，「嘉善而矜不能」，正是父親奉行的待人原則。

## 六、

七七事變發生，父親在津浦路局決定疏散後始離南京，那時已是兵荒馬亂，他從危城中隻身返鄉。事先，李公根源曾徵詢父親能否和他一道到內地去，父親考慮到我們年齡尚幼需要照顧，因此決定返回臨澤，李公對此也表首肯，但在臨別時囑咐父親「要為國珍重」。父親凜遵師訓，爾後處於日偽統治時期，就蓄鬚以示不出。記得王宜仲先生（父親任縣參議員同事）以「縣長」身份巡視臨澤時，曾親來拜訪，並面邀父親參與縣政，當即為父親回絕。他甘於以舌耕為生，雖然生活有時面臨困頓，但不移其志。

## 七、

抗戰時期，父親居家常和同輩友好如車紹伯、韋鶴琴、鄭穀樓、賈筱齋諸先生以詩文唱和，也和宗教界人士如天主教徐神父、善因寺鐵橋大師等以文字書畫訂交。父親對宗教的態度是尊重而不迷信，晚年，他常持誦華嚴經普門品和高王經。冬夜，在滿室印度伽藍線香的煙蘊中，諦聽父親低沉的梵唱，那種清淨、圓融的氣氛，帶給我們心靈上無限的感動。

## 八、

早年，在逢年過節的日子或是祖父母的生辰忌日，我們家都要舉行祭祀。使我們感受最深的，莫過於父親敬謹從事的態度，他總是那副虔誠恭敬的樣子。還有，每次從外地回家，也一定要到祖父母的神主前行禮，就如他們在世時向他們稟告回家的經過情形一樣。這些小事，祇是父親孝思的自然流露。有一次，鳳升大聲呼叫祖父的名字，被父親聽到後就嚴予制止，並告誡我們，父母長上的名字「耳可得聞口不得言」的古訓，父親受儒家薰陶，這些孝親的古訓，他是身體力行的。

## 九、

父親因三位姑母不幸早逝，他對姑丈就像對自已兄長一樣的尊敬。三姑丈問子萬先生是一位學識淵博的學者，精通易理，曾做過清代狀元陸潤庠的幕賓和安徽固鎮巡檢使，抗戰期中避居寶應縣鄉下，有一年他寫信給父親說，因卜卦可能在當年大去，希望父親前往作最後聚晤。那時的交通狀況非常困難，還要徑過好幾方面的封鎖線，父親仍不顧險阻，雇了一隻小船前往和姑丈敘話。不久，三姑丈果然辭世，他們之間相知之深，可以想見。

十、

父親對子女的教育，注重身教和隨機言教，他從沒有疾言厲色的責罵或打過我們，他慈祥的囑咐，會使我們從心底信服。懷念著那些夜晚，月光灑在西廂房的牆上，遠處傳來農家打穀的杵聲，我們全家圍坐在天井內，父親抱著年幼的鳳安或鳳雲在身邊，一面為我們講述古今趣事和一些文字上的笑話如「下雨天留客天留我不留」沒有標點的錯失之類……。回憶往日天倫樂事，內心至今仍迴盪不已。父親的愛，永存在我們的心底。

十一、

父親工於書法，晚年喜寫石門頌隸書，曾刻有「髯翁」和「石卿六十後書」

印二方。當時登門求書者很多，但並不受「筆潤」。想起父親在冬日呵筆、夏日揮汗的情況下揮毫，悠遊蘊涵於臨池中情景，不禁神馳。父親也教過我們練習書法，從磨墨、放帖架，到如何運筆，如何擺間架結構，都一一詳為解説，讓我們從習字中體認一筆不苟的精神。

## 十二、

年前，臨澤小學在台校友為臨小建校八十週年聚會時，談起了校歌，徐校長作球先生還記得歌詞的全文，曾在「菱川鄉訊」刊載。這首歌詞，是父親特為臨小所作，並由臨小師生正式習用。歌詞中有「勤實二字須牢記」之句，「勤」字有「業精於勤而荒於嬉」之示意，「實」字是「實事求是」之義。父親期望臨小蔚為人才之所，並以此作為校訓。其實，父親平日對我們的要求也是如此。在我們多年的實踐中，倘若我們做事不敢存有一絲怠惰和疏忽，應該得力於勤實二字的期勉。

原載一九九四年高郵
楊石卿先生逝世五十週年紀念集

附錄二

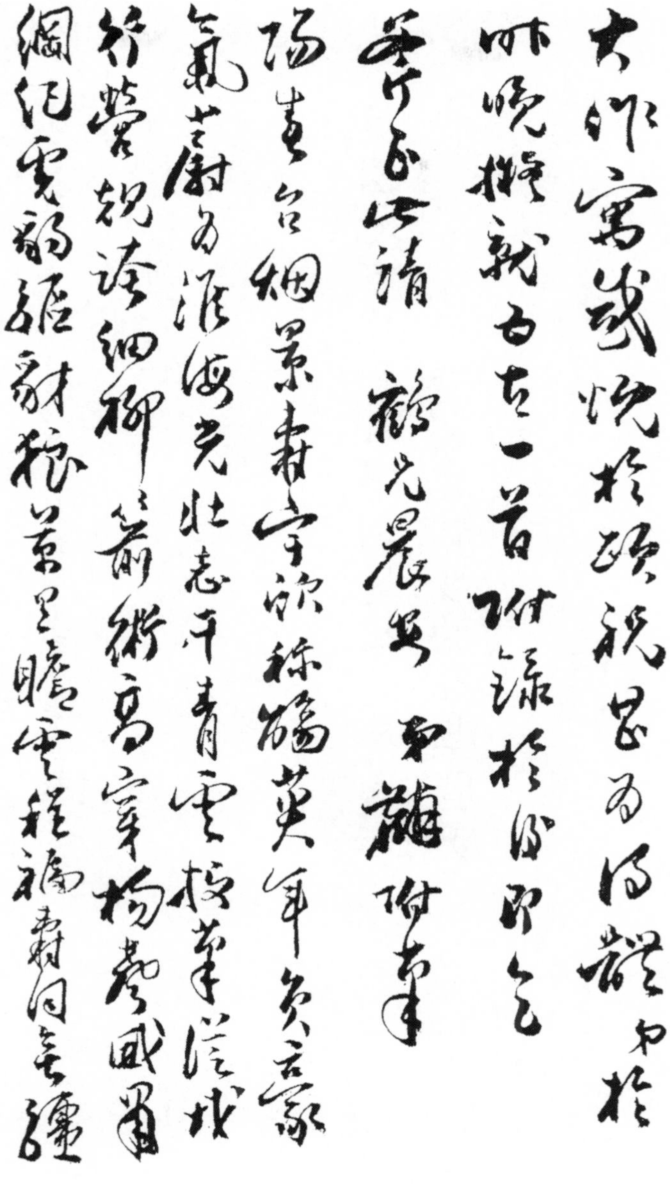

# 附錄三

八十四年度行政院所屬人事人員英國考察團考察報告

## 英國地方政府人事制度及近年來中央文官制度的改革狀況

# 目錄